Antiquariat
2010

Walter Riso
Liebe in Gefahr

Inhalt

Einleitung.................................... 9

1 Die erdrückende Liebe...................... 21
Die unsympathische Seite von Verführung
und Romantik.............................. 26
Histrionische Beziehungen – die Gründe 39
Ist eine gesunde Beziehung mit einem
histrionischen Menschen möglich? 45
Histrionische Menschen rechtzeitig erkennen 52
Ratschläge für histrionisch veranlagte Menschen.. 55

2 Die misstrauische Liebe...................... 59
Leben mit dem Feind........................ 63
Paranoide Beziehungen – die Gründe 71
Ist eine gesunde Beziehung mit einem paranoiden
Menschen möglich?......................... 79
Paranoide Menschen rechtzeitig erkennen 86
Ratschläge für paranoid veranlagte Menschen 88

3 Die subversive Liebe........................ 93
Die unerträgliche Gelassenheit des
geliebten Wesens 98
Passiv-aggressive Beziehungen – die Gründe 106
Ist eine gesunde Beziehung mit einem
Passiv-Aggressiven möglich? 112

Passiv-aggressive Menschen rechtzeitig
erkennen 120
Ratschläge für passiv-aggressiv veranlagte
Menschen 122

4 Die egoistische Liebe........................ 125
Die Odyssee, einen narzisstischen Menschen
zu lieben 130
Narzisstische Beziehungen – die Gründe 142
Ist eine gesunde Beziehung mit einem
narzisstischen Menschen möglich?.............. 148
Narzisstische Menschen rechtzeitig erkennen 156
Ratschläge für narzisstisch veranlagte Menschen .. 158

5 Die perfektionistische Liebe 163
Der Albtraum einer unerbittlichen und
pedantischen Liebe............................ 168
Zwanghafte Beziehungen – die Gründe.......... 175
Ist eine gesunde Beziehung mit einem
zwanghaften Menschen möglich?............... 181
Zwanghafte Menschen rechtzeitig erkennen...... 189
Ratschläge für zwanghaft veranlagte Menschen ... 191

6 Die gewalttätige Liebe 193
Das Spinnennetz der bösartigen Liebe........... 199
Antisoziale Beziehungen – die Gründe 208
Ist eine gesunde Beziehung mit einem antisozialen
Menschen möglich?........................... 217

Antisoziale Menschen rechtzeitig erkennen 223
Ratschläge für antisozial veranlagte Menschen.... 225

7 Die teilnahmslose Liebe 229
Die uneinnehmbaren Gefühlswelten des
emotionalen Einsiedlers...................... 237
Schizoide Beziehungen – die Gründe 245
Ist eine gesunde Beziehung mit einem
schizoiden Menschen möglich? 251
Schizoide Menschen rechtzeitig erkennen........ 257
Ratschläge für schizoid veranlagte Menschen..... 260

8 Die chaotische Liebe........................ 263
Auf Messers Schneide 269
Emotional instabile Beziehungen – die Gründe ... 278
Ist eine gesunde Beziehung mit einem emotional
instabilen Menschen möglich? 280
Emotional instabile Menschen rechtzeitig
erkennen 281
Ratschläge für emotional instabil veranlagte
Menschen 282

Schlusswort 285

Literatur..................................... 295

Einleitung

Warum scheitern wir immerzu in der Liebe? Warum wählen so viele Menschen den falschen Partner oder verstricken sich in Beziehungen, die ebenso gefährlich wie unvernünftig sind? Warum verharren wir in leidvollen Beziehungen? Wir glauben, die Liebe sei unfehlbar, und vergessen dabei etwas, was für das Überleben in Liebesdingen absolut entscheidend ist: Nicht jeder emotionale Annäherungsversuch ist gut für unser Wohlbefinden. Ob es uns nun gefällt oder nicht – manche Spielarten der Liebe sind selbst für Menschen, die zum Masochismus neigen und anderen gern zu Diensten stehen, einfach nur kräftezehrend und unerträglich.

Ich möchte hier keineswegs behaupten, bestimmte Charaktere verdienten es nicht, geliebt zu werden. Ich meine nur, dass eine emotionale Verbindung, die uns in unserem Wesen bedroht, unserem Glück nicht zuträglich ist. Da mag die Liebe noch so groß sein. Zugegeben, das Beziehungsleben ist kein Kinderspiel, und jeder muss für sein Gelingen »Opfer erbringen« (in konstruktivem Sinne natürlich). Doch gibt es unter den Beziehungsstilen, die hier beschrieben werden, ein paar besonders hartnäckige und kaum tolerierbare Varianten. Das gilt sogar für Menschen, die »verliebt in die Liebe« sind und ansonsten alles stoisch ertragen. Solche dysfunktionalen Arten der Liebe erschöpfen den Partner und rauben ihm seine Lebensenergie, sie zehren ihn allmählich auf oder verwirren ihn so sehr, dass er sich grundlos schuldig fühlt oder glaubt, dass es normal sei, aus Liebe zu leiden (als bedeutete *lieben* und *Opfer sein* ein und dasselbe). Natürlich hat jeder von uns seine persönlichen »kleinen Verrücktheiten« und kein Mensch ist perfekt, aber die Beziehungsformen, die ich in diesem Buch beschreibe, gehen weit über schlichte, harmlose Vorlieben hinaus. Es handelt sich hierbei nicht um bloße Belanglosigkeiten, sondern um hochgefährliche Verhaltensweisen für jeden, der sich auf das emotionale Spiel mit ihnen einlässt. Sie zu erkennen, ermöglicht es uns, gesündere und intelligentere Entscheidungen in Hinblick auf unsere emotionale Zukunft zu treffen: entweder indem wir gewisse Beziehungen gar nicht erst eingehen oder indem wir uns bewusst mit ihnen auseinandersetzen, wenn wir bereits in einer Partnerschaft stecken oder emotional gebunden sind. Prävention und Konfrontation, zwei verstandesgesteuerte Überlebensstrategien.

Man hat uns eingetrichtert, den Partner so zu nehmen, wie er ist. Wir haben gelernt, ihn besser nicht darum zu bitten, Dinge zu tun, »für die er nicht geschaffen« ist oder die er nicht tun will. Das heißt, dass es einen Wesenskern gibt, den man aus Respekt vor dem anderen zu achten hat. So weit, so gut – aber nur unter gewissen Voraussetzungen. Ich würde sagen: Man sollte das Wesen des Partners durchaus akzeptieren, solange man sich nicht selbst dafür aufgeben muss. Ich akzeptiere dich, wie du bist, wenn ich mich nicht selbst zerstören muss, um dich glücklich zu machen, denn wenn dein Glück sich proportional gegenläufig zu meinem verhält, läuft irgendetwas zwischen uns falsch. Bei grundsätzlicher Inkompatibilität reichen weder guter Wille noch die besten Absichten aus, sämtliche Probleme aus der Welt zu schaffen.

Wie soll man eine gesunde und friedliche Beziehung mit jemandem führen, der sich für etwas Besseres hält und niemanden liebt außer sich selbst? Wie könnte eine halbwegs annehmbare Beziehung mit jemandem gelingen, der dich als zu vernachlässigende Größe betrachtet, oder mit jemandem, dessen Gefühle zu dir ständig zwischen Liebe und Hass hin- und herpendeln? Wie lässt es sich innerhalb einer erdrückenden Liebe überleben, die dir jegliche Luft zum Atmen raubt, oder in einer ambivalenten Liebe, die von der Regel »Nicht mit dir und nicht ohne dich« bestimmt ist? Wie sollst du eine auf Gegenseitigkeit beruhende, zärtliche Beziehung führen, solange dein Partner dir verbietet, über Gefühle zu sprechen? Wie willst du friedlich und in Liebe leben, wenn du ständig unter Kontrolle stehst, weil dein Partner dich für wertlos und unfähig hält? Würdest du dich mit Körper und Seele an jemanden ausliefern, der dich als potenziellen Feind betrachtet und es täglich bereut, dich zu lieben? Würdest du bei einem untreuen Partner bleiben, der nicht auf seine Geliebte oder seinen Geliebten verzichten kann? Doch unendlich groß ist die Zahl der Märtyrer...

Natürlich haben wir nicht alle dieselbe Vorstellung davon, wie eine gute Paarbeziehung aussehen soll. Manche

Einleitung

meinen, eine Liebe sei für das ganze Leben bestimmt, deshalb müsse man grenzenlose Toleranz walten lassen. Dann wiederum gibt es solche, die denken, man brauche nicht bis zum allerletzten Atemzug zu kämpfen und alle Widersinnigkeiten und krankhaften Verhaltensweisen des anderen ertragen. Seinen eigenen Überzeugungen gemäß entscheidet natürlich jeder selbst, was er tut und wie weit er geht. Auf etwas Grundlegendes können wir uns vielleicht dennoch einigen: Eine gute und stabile Beziehung ist eine, in der alle beide zufrieden sind, ihre Lebensvorstellungen umsetzen können und sich nicht in ihren Rechten beschnitten sehen. Aber ich betone: *alle beide.*

Auf welche negativen Beziehungsstile komme ich nun in diesem Buch zu sprechen? Auf eine erlesene und nicht sehr bekannte Auswahl, denn die meisten Fälle spielen sich hinter geschlossenen Vorhängen ab. Vielleicht sind wir der einen oder anderen Spielart bereits begegnet (sei es, weil wir selbst Opfer dieser Liebesmuster geworden sind oder weil wir jemanden kennen, der in einer solchen traumatischen Beziehung feststeckt), vielleicht erscheinen sie uns auch gänzlich neu. So oder so umgeben sie uns im Alltag und lauern im Hintergrund auf ihre Gelegenheit. Konkret werde ich auf folgende acht Beziehungsstile zu sprechen kommen, die äußerst schädlich und gefährlich für das emotionale Wohlergehen eines Menschen sind: histrionisch-theatralisch (erdrückende Liebe), paranoid-überwachend (misstrauische Liebe), passiv-aggressiv (subversive Liebe), narzisstisch-egozentrisch (egoistische Liebe), zwanghaft (perfektionistische Liebe), antisozial-streitsüchtig (gewalttätige Liebe), schizoid-einsiedlerisch (teilnahmslose Liebe) und emotional instabil (chaotische Liebe). Jeder dieser Beziehungsstile beinhaltet ein oder zwei Antiwerte, die einer gesunden Liebe entgegenstehen.

Wer ein solches Liebesmuster an den Tag legt, kann in anderen Lebensbereichen gut zurechtkommen, wird oftmals durchaus von der Gesellschaft akzeptiert und gelegentlich sogar als Vorbild gepriesen. Sein wahrer Einfluss und die eigentliche Problematik allerdings treten in engen zwischenmenschlichen Beziehungen zutage, vor allem in der Familie bzw. im partnerschaftlichen Bereich. Ganz nach einem alten spanischen Sprichwort, in dem es heißt: »Auf der Straße Helligkeit, Dunkelheit daheim.« Erst hinter verschlossenen Türen, in der Privatsphäre der Liebe fallen die Masken und die Störung kommt zutage. So finden sich narzisstische Menschen dank ihres enormen Ehrgeizes und Machthungers oftmals auf höheren Posten in Wirtschaft oder Politik, ihre chronische Egozentrik belastet ihre Paarbeziehung allerdings in hohem Maße. Zwanghafte Charaktere genießen einen hervorragenden Ruf überall dort, wo Perfektionismus und Kontrolle gefragt sind; legen sie jedoch zu Hause den gleichen Eifer an den Tag, werden ihre Liebsten zu Gefangenen und das heimische Klima artet in Stress aus. Histrionische Menschen sind sehr talentiert in allem, was mit Theater, Kino, dem Fernsehen oder anderen Medien zu tun hat – also dort, wo sie im Mittelpunkt der Aufmerksamkeit stehen und mit dem Publikum »in Kontakt treten« können –, doch in ihrem Liebesleben werden sie ernsthafte Schwierigkeiten haben, eine friedliche Bindung einzugehen und die Grenzen ihres Partners zu respektieren. Eine paranoide Persönlichkeit wird sich erfolgreich in Bereichen hervortun, in denen Überwachung und Misstrauen vonnöten sind, das Zusammenleben mit ihr kann sich jedoch zu einer äußerst beklemmenden Erfahrung auswachsen.

Es wäre falsch anzunehmen, ich hätte nur die besonders exotischen Einzelfälle im Auge. Ich gehe davon aus, dass sich Muster dieser Art in ihrer extremen Ausformung (der Persönlichkeitsstörung) bei 20 bis 30 Prozent der Menschen finden lassen. Wenn wir die leichteren Fälle mit einbeziehen, steigt die Zahl sogar noch einmal beträchtlich. Die Partner/Opfer versuchen die Sache gelegentlich auszugleichen, indem sie auf die Taktik des »Aberismus« zurückgreifen, eine äußerst beliebte Kompensationsstrategie innerhalb der Paarkultur. Sie proklamiert das Durchhalten um jeden Preis: »Ja, er ist ein Egoist, *aber* kein schlimmer«, »Ja, er flirtet gern, *aber* das macht ja nichts«, »Sie ist zwar sehr eifersüchtig, *aber* ich komme damit zurecht«, »Sie redet nicht besonders viel, *aber* das ist nun mal ihre Art«, »Er ist aggressiv, *aber* er wird sich bessern«, »Er ist zwar sehr unzuverlässig, *aber* ich versuche mich daran zu gewöhnen und übe mich in Geduld«. Die meisten dieser *Abers* sind nichts anderes als eine zurechtgebastelte Form der Selbsttäuschung und Rechtfertigung angesichts des Unvermögens, sich emotional abzukoppeln. Doch ist es sinnvoll, die Liebe ein Leben lang auf der Intensivstation zu behalten? Ich bin nicht der Ansicht, dass man bei der ersten Unstimmigkeit das Handtuch werfen soll, und ich halte nichts von Wegwerfbeziehungen. Doch ich schlage vor, mit emotionalem Realitätssinn festzulegen, wie lange auf die Verwandlung der geliebten Person noch gewartet werden soll. Jemand, der aus einem der oben genannten Beziehungsmuster ausbrechen will, tut dies nicht von heute auf morgen. Im Gegenteil, die meisten kämpfen, bitten um professionellen Beistand und gehen weit über ihre Kräfte hinaus, sie versuchen dem Partner zweite, dritte, vierte oder fünfte Chancen zu geben, selbst wenn dabei ihr eigenes physisches und psychisches Wohl auf dem Spiel steht. Doch irgendwann muss man eben auch die Waffen strecken können und verstehen, dass man bestimmten Schlachten nicht gewachsen ist. Es sind nicht unsere Schlachten, oder sie tun uns einfach nicht gut.

Wer die Gelegenheit nutzt, sich mit diesem Thema zu befassen und die gewonnenen Erkenntnisse im Alltag anzuwenden, kann die eigenen Paarprobleme leichter in Angriff nehmen und den Tatsachen ins Auge blicken, wenn es darauf ankommt. Vier Fragen tauchen allerdings immer wieder auf, und es scheint mir wichtig, sie hier zu klären.

- *Kann man einzelne Eigenschaften von verschiedenen Beziehungsstilen gleichzeitig an den Tag legen?* Ja, das kann man. In gewissen Aspekten überschneiden sich die verschiedenen Profile. So ist zum Beispiel Teilnahmslosigkeit ein Charakteristikum der antisozialen, der narzisstischen und auch der schizoiden Liebe, doch nur bei Letzterer kommt sie zu voller Blüte. Selbst wenn man gewisse Züge der unterschiedlichen Stile zugleich innehat, wird es immer einen geben, der besonders hervorsticht. Was die verschiedenen Liebesarten definiert, ist ihr besonderer »psychologischer Wesenskern«. Am besten, man nimmt die Beziehungsstile als eine Art Denkanstoß, um über sich selbst und sein Liebesverhalten nachzudenken.

- *Sind die Merkmale der einzelnen Beziehungsstile nicht ein bisschen überspitzt formuliert?* Die von mir angeführten Stile folgen keinem unverrückbaren, endgültig festgelegten Schema (so wie bei einer Symptomliste). Vielmehr zeigen sie die innere Dynamik auf, nach der gewisse Menschen ihre Liebe leben und empfinden, ihren Modus Operandi, ihre Motivation und ihre Art, intellektuell und gefühlsmäßig damit umzugehen.
- *Treten dysfunktionale Beziehungsstile bei Männern oder bei Frauen häufiger auf?* Die jüngsten Untersuchungen kommen zu folgendem Ergebnis:
  - Die chaotische und die subversive Liebe treten häufiger bei Frauen auf (Erstere häufiger als Letztere).
  - Beim histrionisch-theatralischen Muster liegen beide Geschlechter gleichauf (wie wir später sehen werden, ist der Histrionismus unisex)
  - Die übrigen Liebesmuster finden sich häufiger bei Männern (wieder einmal liegt das männliche Geschlecht vorn, wenn's um das Krankhafte geht).

- *Was also ist ein Beziehungsstil?* Es ist eine bestimmte Art und Weise, mit affektiver Information umzugehen: sie zu fühlen, sie einzuschätzen und sie ins Beziehungsleben einzubinden. Wenn der Umgang mit dieser Information gestört ist, wenn sie von negativen Rastern in Bezug auf uns selbst, die Welt und die Zukunft gesteuert wird, kann sich der jeweilige Stil schädlich auf die geistige und emotionale Gesundheit auswirken – und zwar sowohl auf die eigene als auch die des Partners.

Jedem der acht genannten psychologischen Profile ist ein Kapitel dieses Buches gewidmet. Jedes Kapitel zeigt in allgemein verständlicher Sprache:

- Die Hauptmerkmale der verschiedenen Beziehungsstile und ihre Auswirkung auf das Paarleben
- Die persönliche Disposition, die erklärt, warum Menschen sich auf Beziehungen dieser Art einlassen
- Bis wohin und um welchen Preis es möglich ist, eine gesunde Beziehung mit jemandem zu führen, der diesen krankhaften Beziehungsstil aufweist
- Wie man die Liebesmuster erkennt, bevor man sich verliebt
- Was zu tun ist, wenn man hier erwähnte Charakterzüge an sich selbst feststellt

Der emotional instabile Stil ist aufgrund seiner chaotischen und verwirrenden Struktur der einzige, der in einigen

Punkten von diesem Grundschema abweicht, obwohl ich die Kapitelüberschriften beibehalten habe, damit bei der Lektüre keine Verwirrung aufkommt.
Die Kapitelanordnung folgt nicht den Gepflogenheiten der psychologischen oder psychiatrischen Klassifizierung, sondern dem Prinzip möglichst leichter Lektüre. Mit Ausnahme des Vorwortes, das mir unverzichtbar erscheint, um den Sinn des Textes und seine Reichweite zu verstehen, können die Kapitel in beliebiger Reihenfolge gelesen werden, auch wenn es am stimmigsten wäre, den emotional instabilen Stil an den Schluss zu stellen.
Zur Darstellung dieser dysfunktionalen Beziehungsstile wurde auf jüngste Erkenntnisse der klinischen Psychologie und verwandter Wissensgebiete zurückgegriffen. Auch umfangreiches Material zu Fallbeispielen aus verschiedensten wissenschaftlichen Quellen sowie die klinische Erfahrung des Autors fanden Eingang in dieses Buch. Der Text wendet sich an jeden, der sein Gefühlsleben überdenken und die Liebe zu einer befriedigenden Erfahrung machen will. Es ist weder ein optimistisches noch ein pessimistisches Buch, sondern ein realistisches. Man wird hier weder »die besten Ratschläge« dafür finden, wie man sich in dieser oder jener krankhaften Abart der Liebe einrichtet, noch wie man seinen Partner schlagartig verwandelt. Vielmehr werden sich ein paar Gedankenräume öffnen, in denen die eigene Paarbeziehung besser verständlich wird: Auf diesem Wege lässt sich erkennen, ob sich ein Kampf um diese Liebe noch lohnt oder nicht. Du könntest sogar

entdecken, dass das Problem bei dir selbst und nicht bei dem Menschen liegt, den du liebst.
Die drei Fragen, die dieser Abhandlung zugrunde liegen, sind so wichtig wie einfach:

- »Auf welche Weise liebt mein Partner?«
- »Auf welche Weise liebe ich?«
- »Wie können wir zusammenleben, ohne einander Schaden zuzufügen?«

Wenn wir die Dinge so betrachten, wie sie sind – ohne Hintergedanken und falsche Erwartungen –, können wir Entscheidungen treffen, die zur Verbesserung unserer Lebensqualität beitragen, auch wenn es manchmal wehtun mag oder der empfohlene Weg unbequem erscheint. Ich gehe von der simplen Annahme aus, dass Lieben nichts mit Leiden zu tun hat und wir ein Recht darauf haben, glücklich zu sein. Das ist das höchste Gut, das uns keiner nehmen kann, nicht einmal im Namen der Liebe.

1 Die erdrückende Liebe

Der histrionisch-theatralische Stil

Die Liebe ist der Schlüssel zum Herzen;
die Koketterie ist ihr Dietrich.
André Masson

Überschwänglichkeit an Ornamenten
schadet der Wirkung.
Honoré de Balzac

Die erdrückende Liebe

Eine histrionisch-theatralisch veranlagte Person zu lieben heißt, sich einem Hurrikan der Stärke fünf auszuliefern. Diese Menschen wollen stets im Mittelpunkt der Aufmerksamkeit stehen, verhalten sich extrem emotional, legen ein verführerisches Verhalten an den Tag, sind übermäßig um ihr Äußeres besorgt, neigen zu dramatischen Auftritten, sehen Intimität dort, wo keine ist, und sind in zwischenmenschlichen Beziehungen höchst anspruchsvoll – vor allem, sobald Liebe im Spiel ist. Menschen, die auf diese Weise lieben, setzen einen »Liebes-Teufelskreis« in Gang, der ungut enden wird. Am Anfang ihrer Beziehungen steht eine überaus heftige, unkontrollierbare Verliebtheit, und irgendwann folgt – wie aus heiterem Himmel – ein ebenso drastisches und turbulentes Ende. Histrionische Liebe wird einem nicht einfach nur so zuteil, man ist ihr auch ausgeliefert und leidet darunter, denn wo vierundzwanzig Stunden am Tag Aufmerksamkeit und Bestätigung gefragt sind, wird die Beziehung zur Kraftprobe. Wie kann man sich an der Seite einer Person wohlfühlen, die niemals emotional befriedigt ist?
Jorge lernte Manuela an der Universität kennen und fühlte sich vom ersten Augenblick an zu ihr hingezogen: Sie war jung, sexy und ausgelassen. Alle Männer waren hinter ihr her, was ihr nicht im Geringsten missfiel; im Gegenteil, sie wollte im Mittelpunkt der Aufmerksamkeit stehen und spielte ihre magnetische Anziehungskraft gegenüber dem anderen Geschlecht gern aus. Sie spielte Katz und Maus mit den Männern: Sie geizte nicht mit ihren Reizen, pro-

vozierte die Männer und ließ sie dann im Regen stehen. Sie verstand es, mit den männlichen Hormonen zu jonglieren, ohne sich selbst jemals körperlich oder emotional wirklich auf einen Mann einzulassen. Bei Jorge lag die Sache anders. Seine Schüchternheit und Introvertiertheit weckten in Manuela den Wunsch, ihn zu erobern, was ihr mühelos gelang. Innerhalb kürzester Zeit zogen sie zusammen. Eigentlich, weil Jorge sie gern mehr unter Kontrolle haben wollte, denn er fürchtete, sie könnte ihm bei all ihrer Koketterie untreu werden. Als sie zu mir in die Praxis kamen, war ihr Miteinander schon reichlich beeinträchtigt, und in ihrer Unzufriedenheit hatten sie etwas gemeinsam: Keiner fühlte sich vom anderen geliebt. Manuela verlangte nach mehr Zärtlichkeit und Aufmerksamkeit: »Ich habe das Gefühl, ich sei ihm nicht wichtig... Ich wünsche mir mehr Zärtlichkeit und Zeit für Zweisamkeit von ihm... Ich vermisse die Zuwendung von seiner Seite...« Jorge hingegen hätte gern gesehen, wenn sie sich nüchterner und weniger aufreizend gegeben hätte, und es war ihm an einer Verbesserung ihres Sexuallebens gelegen: »Sie hat keinen Spaß am Sex, es bedeutet ihr nichts... Eigentlich fühle ich mich überhaupt nicht begehrt... Ich glaube, sie ist frigide oder so was...« Am Anfang der Beziehung hatte Jorge tatsächlich geglaubt, Manuelas verführerisches Gebaren gelte nur ihm. Als er dann entdeckte, dass Koketterie und Hemmungslosigkeit Teil ihres Wesens waren, überkam ihn eine Mischung aus Angst und Enttäuschung. Er versuchte, ihr ihren offenherzigen Kleidungsstil und ihre

Art mit Männern umzugehen auszureden, jedoch ohne Erfolg.

Die Sache nahm ein überraschendes Ende: Irgendwann verließ Manuela Jorge wegen seines besten Freundes. In einer Sitzung sagte sie mir: »Ich bin wirklich verliebt! Wir sprechen schon vom Heiraten! Er ist wunderbar!« Als ich sie nach Jorge fragte, den Freund, um den sie noch wenige Wochen zuvor geweint hatte, antwortete sie: »Ach, Jorge... Keine Ahnung, das war einmal... Jetzt bin ich wirklich glücklich!« Als wäre er eine Art Fieber oder eine Krankheit gewesen, kam Jorge in Manuelas emotionalem Gedächtnis einfach nicht mehr vor. Sie hatte ihn von ihrer Festplatte gelöscht wie jemand, der einen Computervirus entfernt.

Entgegen allen Vermutungen ist der histrionische Beziehungsstil nicht allein Frauen vorbehalten. Die postmoderne Kultur hat es ermöglicht, dass auch eine stattliche Anzahl von Männern an diesem exhibitionistischen Spiel teilhat. Man braucht bloß in eine angesagte Diskothek zu gehen, und schon befindet man sich mittendrin in einer exaltierten Welt, in der Männer genauso wie Frauen ihre attraktivsten Attribute zur Schau stellen. Typen mit sonnengebräunter Haut, Markenkleidung, spektakulären Accessoires, verheißungsvollem Blick und entblößten Muskeln erfreuen sich an einer Vielzahl schöner Frauen, die Gleiches tun: Die Schönen gehen mit den Schönen, fügen sich ein in den Groove einer Gruppenbalz, in der der Flirt einen immer größeren Raum einnimmt. Sex? Nicht unbedingt. In der Philosophie des »Exaltismus« kann das Verführen viel aufregender sein als Sex zu haben, jemanden in sich verliebt zu machen reizvoller als sich selbst zu verlieben, das Wecken von Illusionen und Fantasien spannender als eine echte Bindung – und Fühlen viel vorteilhafter als Denken. Flatterhaftigkeit und kunterbunter Voyeurismus: der Niedergang der Einfachheit. Man schaut sich an, berührt sich aber nicht, oder wenn man sich berührt, dann flüchtig. Eine Subkultur, die Erektionen am laufenden Band produziert und Verliebtheit bis zum Abwinken. Allerdings ohne Vollzug.

Die unsympathische Seite von Verführung und Romantik

Im Laufe der Geschichte und mit der Veränderung der Sitten und Gebräuche wandelten sich auch die Methoden, einen Liebespartner zu umwerben. Natürlich geht die Partnerjagd heute anders vonstatten als etwa in der Steinzeit oder in der Epoche, als Ovid seine »Liebeskunst« schrieb. Dennoch scheint es, als läge unseren Eroberungszügen noch immer dieselbe Dynamik zugrunde. Ganz egal, welche Art von Zauber oder Reiz eingesetzt wird: Wenn Leidenschaft und Romantik in der richtigen Mischung aufeinandertreffen, ist es um jedes Herz geschehen und kein Körper kann widerstehen. »Romantische Leidenschaft«

oder »leidenschaftliche Romantik« entwickeln ihren unwiderstehlichen Sog. Das Begehren treibt die Liebe an, die Romantik übernimmt die Feinarbeit. So weit, so gut. Sobald aber die Verführungsmaßnahmen Ausmaße annehmen wie im Film *Eine verhängnisvolle Affäre*, heißt Fühlen eher Rotsehen, und die Liebe wird schwer verdaulich. Die unsympathische Seite der Verführung ist die Belästigung (gibt es etwas Unerträglicheres als die Beharrlichkeit eines Bewunderers oder einer Bewunderin, den oder die man partout nicht ausstehen kann?), und die hässliche Seite der Romantik ist die Rührseligkeit (gibt es etwas Jämmerlicheres als den unnötigen Firlefanz und die Tüdelei um die Liebe?).

Der histrionisch-theatralische Mensch schwankt zwischen zwei gegensätzlichen Haltungen: »Ich bin nichts« (wenn niemand ihm Aufmerksamkeit schenkt oder er mit seinem Verhalten aneckt) und »Ich bin ein fabelhaftes, einzigartiges Wesen, das jeden in seinen Bann schlägt« (wenn die Außenwelt positiv und mit Interesse auf sein Buhlen um Aufmerksamkeit reagiert). Die Konsequenz aus dieser dichotomen Informationsverarbeitung ist für jede zwischenmenschliche Beziehung katastrophal, denn wenn meine emotionale Stabilität davon abhängt, wie »berückend« und »entzückend« ich für meinen Partner bleibe, werde ich keinen Moment zur Ruhe kommen. Die Fakten sprechen für sich: Der »Liebesbann« hält nicht ewig, jedenfalls für diejenigen unter uns, die nicht hexen können. Es liegt auf der Hand, dass die Verführungskraft weder ein

Maßstab für den persönlichen Eigenwert sein kann noch der angemessene Weg zur Selbstbestätigung. »Er wird mich verlassen, ich weiß, dass er mich verlassen wird!«, rief eine meiner Patientinnen aus tiefster Angst. »Warum glauben Sie das?«, fragte ich, um sie zu beruhigen. »Ist doch eindeutig. Er hat nicht mehr denselben Spaß mit mir wie früher, er reagiert kaum mehr auf mich, geschweige denn auf meinen Körper... Je mehr ich mich um ihn bemühe, desto mehr entfernt er sich...« Das ist das große Paradox historisch-theatralischer Menschen: Weil sie ihre Partner so sehr bei der Stange halten wollen, ermüden sie sie und erzielen damit genau das, was sie um jeden Preis vermeiden wollten. Ein zwischenmenschlicher Alptraum mit sich selbst in der Hauptrolle.

Das unannehmbare emotionale Anliegen dieser Menschen basiert auf drei für die Liebe destruktiven Einstellungen: »Dein Leben muss sich um mich drehen« (Aufmerksamkeit um jeden Preis), »Die Liebe ist reines Gefühl« (Gefühlsüberschwang) und »Deine Liebe füllt mich nicht aus« (emotionale Unzufriedenheit). Man stelle sich nur mal das Zusammenleben mit einem Menschen vor, der Tag für Tag und rund um die Uhr von diesen drei Grundannahmen ausgeht.

Aufmerksamkeit um jeden Preis
»Dein Leben muss sich um mich drehen«

Um jeden Preis Aufmerksamkeit zu erregen ist für einen histrionisch-theatralisch veranlagten Menschen lebensnotwendig. Ein Freund von mir wollte nicht wahrhaben, dass seine Frau auch ohne ihn gut zurechtkam und sich bestens amüsieren konnte. Für ihn setzte wahre Liebe voraus, dass man sich ohne den Partner unvollständig und nicht recht im Gleichgewicht fühlte. Ging seine Frau einmal mit Freundinnen aus oder ins Kino und hatte dabei ihren Spaß, befand sich der Mann im existenziellen Schockzustand. Natürlich war sein Anspruch übertrieben: »Ich muss der Mittelpunkt ihres Lebens sein« oder »Sie sollte sich nicht ohne mich amüsieren können«. Mein Freund war ein sehr emotionaler Mensch mit dem Hang zum Dramatisieren, und was er tat, das tat er richtig. In Gesellschaft seiner Frau stellte sich bei ihm – womöglich wegen seines großen Bedürfnisses nach Selbstbestätigung – ein gewisser buchhalterischer Liebesehrgeiz ein, der dazu führte, dass er sie ständig fragte, wie sehr und warum sie ihn liebe. Außerdem ertrug er Schweigen nicht: Sobald er sah, dass sie nachdenklich oder in sich selbst versunken war, versuchte er sie in die Wirklichkeit zurückzuholen: »Woran denkst du?«, »Warum erzählst du's mir nicht?« Sein größter Wunsch wurde fast zur Besessenheit – er wollte ins Hirn seiner Frau schauen können und darin herumstöbern, um in Erfahrung zu bringen, wie wichtig er für sie war. Nicht Eifersucht steuerte sein zwanghaftes Verhalten, sondern eine Angst, die durch krankhafte Anhänglichkeit verursacht wird. Als ich irgendwann feststellte, dass nichts, aber auch gar nichts sein Leiden lindern konnte, fragte ich ihn, was seine Frau denn zu seiner Beruhigung unternehmen könne. Seine Antwort bestätigte die Diagnose: »Keinen Moment lang ohne mich auskommen, sie soll durch meine Lunge atmen, mit meinen Augen sehen, wir sollten eins sein... Ist das denn zu viel verlangt, wenn sie mich wirklich liebt?« Es gibt so etwas wie emotionale Nötigung, und die steht der moralischen und der sexuellen Nötigung in nichts nach. Mein Freund wünschte sich, auf beinahe wahnhafte Art, seine Partnerin als Erweiterung seiner selbst, deshalb musste er ständig um sie herum sein und sie quasi in den Hypnosezustand versetzen.

Die Mathematik der erdrückenden Liebe folgt einer ziemlich abstrusen Formel: Die Menge an Liebe, die ich zu meiner Befriedigung erhalte, steht proportional zur Anziehungskraft, die ich auf eine zu liebende Person ausübe, und der Grad meiner Anziehungskraft bemisst sich wiederum an der erhaltenen Aufmerksamkeit.

Der Irrtum, dem histrionisch-theatralische Menschen erliegen, besteht darin, dass sie Liebe mit Begehren gleichsetzen. Und das ist schlichtweg falsch: Die Lust auf eine geliebte Person macht nur einen Teil der emotionalen Erfahrung aus. Schaut man sich um, so erkennt man schnell, dass die meisten Menschen in Paarbeziehungen weder Supermänner noch Superfrauen sind, weil sich »Faszination« ganz einfach nicht allein an formschönen Kurven oder stahlharten Muskeln festmachen lässt. Was der französische Literat François de La Rochefoucauld in einer seiner Maximen folgendermaßen ausdrückte: »Manches Schöne ist unvollendet reizvoller als allzu vollendet.« Womöglich hat er das auf die Schönheit bezogen, die erst im Wesen des anderen zutage tritt: Ein schelmisches Lächeln kann mehr auslösen als ein paar »strahlend weiße« Zähne, ein beseelter Gang mehr als ein knackiger Po, ein unerwartet treffendes Wort mehr als ein hübsches Gesicht. Wir verlieben uns in den Menschen, der in einem gewissen Körper steckt, und nicht in den Körper selbst.

Werbeverhalten und äußeres Erscheinungsbild

Welcher Strategien bedient sich ein histrionisch-theatralisch veranlagter Mensch, um den anderen unter Kontrolle zu halten? Im Prinzip sind es zwei Strategien: Er gibt sich freimütig verführerisch, und er achtet auf sein Äußeres.
Eine Frau berichtete mir von ihrem großen Triumph: »Seit meiner Brustvergrößerung hat sich mein Mann vollkommen verändert... Er braucht mich nur anzusehen, und schon haut es ihn um, so verrückt ist er nach meinem Busen... Er kauft mir sogar T-Shirts mit tiefem Ausschnitt! Ich hätte nie gedacht, dass die plastische Chirurgie meine Beziehung derart verbessern könnte...« Es ist und bleibt doch verwunderlich, wie sich zwischenmenschliches

Glück über die Brustgröße definieren lässt; man könnte meinen, es gäbe auch eine Art »Gefühlsmathematik«. Da ich mir in Sachen des persönlichen Geschmacks kein Urteil erlaube, fragte ich mich im Stillen, was passieren würde, wenn der Mann eine anale Phase durchmachte und ihr eine Überholung des Hinterteils vorschlüge, »damit die Beziehung besser funktioniert«. Solange sich eine histrionische Frau attraktiv fühlt und in der Welt der Verführung mithalten kann, fühlt sie sich auf der Sonnenseite des Lebens. Doch sobald der Zahn der Zeit auch an ihr seine Spuren hinterlässt, wird sie unweigerlich in eine »Schönheitskrise« kommen. Die Angst vor dem Alter oder das, was wir »das Syndrom der alternden Diva« nennen könnten, führt fast unweigerlich in die Depression. Die Panik vor dem Altwerden hat in den letzten Jahren stark zugenommen. Ein Grund ist der »Hyperkonsum«, wie ihn der Soziologe Gilles Lipovetsky beschreibt.

Die Verführungsstrategien, auf die unsere primitiven Vorfahren zurückgriffen, haben sich, wie Carl Sagan und Ann Druyan in ihrem Buch *Schöpfung auf Raten* ausführen, im Lauf der Zivilisation verändert oder gingen gänzlich verloren. Zwei Beispiele aus der Welt der Schimpansen geben darüber Aufschluss:

- Charles Darwin war einer der Ersten, die beobachteten, dass die Vulva der Schimpansenweibchen und der angrenzende Bereich während der Ovulation und Empfängnisbereitschaft von glänzend roter Farbe sind, als

wären sie »wandelnde Sexanzeigen«. Das macht die Schimpansenmännchen verrückt, und sie reagieren ihrerseits, indem sie sexuelle Lockstoffe ausschütten und andere sichtbare Indikatoren aufstellen.
- Das Männchen beginnt sein Werben, indem es sich aufplustert, dann rüttelt es an Zweigen und tritt auf trockene Blätter, um auf sich aufmerksam zu machen. Es blickt das Weibchen fest an, versucht sich ihm zu nähern und den Arm nach ihm auszustrecken. Das Fell sträubt sich und legt den Blick frei auf seinen »erigierten leuchtend roten Penis, der sich stark vom schwarzen Skrotum abhebt«. Schwer zu übersehen für ein brünstiges Weibchen.

Die Natur weiß, was sie tut: geschwollene Vulven und steif aufgerichtete rote Penisse, ein vielfarbiges Spektakel unerschöpflicher Sexualität, die den Fortbestand der Art sichert. Heutzutage vollziehen sich die Dinge etwas subtiler, dennoch schreit so manche exhibitionistische Verhaltensweise histrionischer Menschen nach Aufmerksamkeit und ist den übrigen Beobachtern eher peinlich. Hierfür zwei Beispiele:

- Einem jungen Mädchen fiel beim dritten Treffen mit einem sehr attraktiven Interessenten beinahe die Kinnlade herunter, als der Mann plötzlich vom Tisch aufstand und sich gebärdete wie ein professioneller Stripper. Und zwar in aller Öffentlichkeit! Trotz seiner

Hartnäckigkeit ist es offensichtlich bei diesem letzten Treffen geblieben.
- Ein anderes junges Mädchen, »dressed to kill«, hatte sich in ein paar hautenge Hotpants gezwängt, die nicht nur ihre Unterwäsche, sondern auch noch andere physische Attribute erahnen ließen, und wunderte sich darüber, dass die Männer ihr nachschauten. Als ich ihr erklärte, dass ihr Kleidungsstil sehr vielversprechend und provokativ wirkte, antwortete sie: »Gott sei Dank schauen sie mich an, es wäre ja schlimm, wenn sich niemand nach mir umdrehen würde.«

Gefühlsüberschwang

»Die Liebe ist reines Gefühl«

Der Gefühlsüberschwang histrionisch-theatralischer Menschen ist kaum zu bändigen. Sind sie in der Regel auch ausgenommen freundlich und sympathisch – problematisch wird es, sobald sie die Kontrolle über ihre eigenen Gefühle verlieren, die dann spontan und ohne Rücksicht auf Verluste hervorbrechen. Streit mit dem Partner und Zornesausbrüche sind aufgrund einer sehr niedrigen Frustrationstoleranz an der Tagesordnung: »Wenn die Dinge nicht so sind, wie ich sie gern hätte, werde ich wütend.« Man könnte sagen, die emotionale Intelligenz – verstanden als Fähigkeit, sich der eigenen Gefühle bewusst zu sein und sie überlegt und vernünftig auszuleben – lässt bei diesen

Menschen stark zu wünschen übrig. In den meisten Fällen ist der Umgangston sehr gefühlsbetont, extrem überschwänglich und sentimental. Anders gesagt: emotional stark aufgeladen, vor allem in sämtlichen Liebes- und Gefühlsbelangen. Ihre Neigung, zwischenmenschliche Beziehungen zu romantisieren, stößt bei Außenstehenden häufig auf Befremden und Ablehnung.

Wie ich andernorts schon mehrfach erklärt habe, ist die Liebe nicht allein Gefühlssache, sondern fordert auch den Intellekt, das Denken. Dieser Tatsache widersetzt sich die histrionisch-theatralische Persönlichkeit. Zu viel Denken verursacht bei ihr Stress, das Fühlen beflügelt sie. Eine Patientin, die mit einem histrionisch-theatralisch veranlagten Mann verheiratet war, beklagte sich über die emotionalen Höhen und Tiefen ihres Gatten und die Unmöglichkeit, ein Gespräch mit ihm in Gang zu halten. Eine der ersten Aufgaben, die ich ihr mitgab, war es, das Diskussionsverhalten ihres Mannes vierzehn Tage lang zu beobachten. Das Ergebnis ihrer Beobachtungen lautete wie folgt: »Er hört nicht zu… Wenn er sich aufregt, bricht es gedankenlos aus ihm hervor und er kümmert sich weder darum, was er sagt, noch wie er es sagt. Er diskutiert einfach drauflos, und wenn ich versuche, ihn zur Ordnung zu rufen, führt er weiter Selbstgespräche… Er lebt in der Vergangenheit und wirft mir Dinge an den Kopf, an die ich mich gar nicht mehr erinnere… Er kann die Probleme nicht im Detail analysieren und erkennt auch seinen Anteil an der Verantwortung für eine Sache nicht, laut ihm bin sowieso

immer ich an allem schuld... Er ist sehr sensibel, und was ich ihm sage, verletzt ihn zutiefst, dann wird er wütend... Manchmal denke ich, er schauspielert den ganzen Tag lang, als wäre das Leben ein Theaterstück... Einmal haben wir diskutiert, ich weiß gar nicht mehr worüber, und er hat sich im Badezimmer eingeschlossen und angefangen herumzuschreien, er sei ein armer Teufel... Weil ich Angst hatte, dass er irgendeine Dummheit begeht, bin ich auf einen Stuhl gestiegen und hab oben durchs Fenster geschaut, und ob Sie's glauben oder nicht, er hat vor dem Spiegel gestanden und beim Herumschreien Fratzen geschnitten!«
Der exzessive Hang zu erhöhter Gefühlserregbarkeit (Emotivität) und der übermäßige Einsatz einschlägiger Verführungs- und Eroberungsmethoden führen zusammen dazu, dass histrionisch-theatralische Menschen oft für frivol oder oberflächlich gehalten werden. Solide Lebenserfahrung und Selbsterkenntnis setzen eine gewisse psychologische Reife sowie ein harmonisches Gleichgewicht von Verstand und Gefühl voraus. Oscar Wilde sagte: »Verliebt sein heißt, über sich selbst hinauszuwachsen.« Doch diese Reise hin zur geliebten Person sollte nicht allein von Gefühlen geleitet werden. Einmal erzählte ich einer Frau, mit der ich eine Liebesbeziehung hatte, von einem beruflichen Problem, das mich beschäftigte. Nachdem sie mir aufmerksam zugehört hatte, schloss sie mich fest in die Arme und flüsterte mir zur Aufmunterung ins Ohr: »Ich liebe dich, ich liebe dich, ich liebe dich.« Ich fühlte mich tatsächlich geliebt, und dennoch hätte ich mir eine an-

dere Art der Solidaritätsbekundung gewünscht, vielleicht ein: »Wir überlegen uns was, wir überlegen uns was, wir überlegen uns was.« Noch einmal Wilde: »Die Leidenschaft lässt einen im Kreis denken.« Ich möchte hinzufügen: Wenn du in deiner Partnerschaft in egal welchen Schwierigkeiten steckst, lassen dich reine Emotivität und histrionische Sentimentalität kein Stück vorankommen, im Gegenteil: Der Konflikt wird sich dadurch nur weiter zuspitzen.

Emotionale Unzufriedenheit
»Deine Liebe füllt mich nicht aus«

Es ist als »Fass-ohne-Boden-Syndrom« bekannt: Egal was du tust, er oder sie will es immer noch besser und mehr. Die Beziehung wird nicht von der Freude über die Existenz des anderen bestimmt, sondern von einer tiefen emotionalen Unzufriedenheit. Es ist beängstigend zu spüren, dass man den Erwartungen des Menschen, den man liebt, nicht genügen kann – sei es nun der Partner, die Eltern oder ein Freund. Beim Zusammensein mit einem emotional fordernden Menschen ist es in Wahrheit nicht so, dass *deine* Liebe ihn nicht erfüllt, sondern *keine* Liebe wird ihm je genügen. Die Idealvorstellung und das Bedürfnis, sich geliebt zu wissen, sind derart groß, dass das gewünschte Maß niemals erreicht werden kann. In einer Sitzung beklagte sich ein Mann bei mir: »Ich weiß nicht, was ich noch tun soll,

mit nichts ist sie zufrieden, immer will sie mehr und mehr.«
Einen Tag später erzählte mir die Ehefrau unter Tränen:
»Ich kann so nicht leben, ich brauche mehr Liebe.« Zwei
aneinandergekettete, frustrierte Wesen, die sich gegenseitig
ersticken.

Für die meisten Menschen mit diesem Muster löst das Bedürfnis, geliebt zu werden, eine regelrechte Suchtspirale aus: »Sobald ich Zuwendung bekomme, spüre ich, dass ich ein wertvoller und wunderbarer Mensch bin; je mehr ich also geliebt werde, desto zufriedener bin ich; deswegen verlangt es mich nach mehr.« Fehlt es ihnen dann an der nötigen Dosis »Liebe«, suchen sie sie sich anderswo. Der meistbietende Emotionslieferant, derjenige, der dem verführerischen Zauber des Exhibitionisten am ehesten erliegt, wird bei der Eroberung den Sieg davontragen. Vor die Wahl gestellt zwischen einer leidenschaftlich erstickenden Beziehung und einer befreienden, bevorzugt so mancher – selbst wenn die Leidenschaft hier nicht gerade bühnenreif ist – die zweite Option. Für viele andere Menschen sind Herzklopfen und Ekstase wichtiger, und nichts geht ihnen über das Gefühl selbst: Verliebtheit zählt für sie mehr als die Liebe.

Histrionische Beziehungen – die Gründe

Der Sirenengesang

Ins histrionische Netz verstrickt man sich schneller als man denkt, denn jeder, der auf der Suche nach Bestätigung und/oder Erotik ist, wird bei einer gewissen Kombination aus Verführungskunst und angenehmem Erscheinungsbild schwach. Vergessen wir nicht, dass Historiker darauf »spezialisiert« sind, andere in den Bann zu schlagen und sie mit Koketterie und Galanterie zu umgarnen.

Es gibt die verschiedensten Gründe, sich auf eine erdrückende Liebe einzulassen. Ich werde mich hier auf drei besonders dafür anfällige Typen konzentrieren und auf ihre jeweiligen Bedürfnisse. Sollte eine der folgenden Haltungen typisch für dich sein, könntest du leichte Beute für einen dieser historisch-theatralischen Schlangenbeschwörer werden: »Ich brauche eine *Light*-Beziehung, die mein Leben nicht verkompliziert«, »Ich brauche jemanden, der extrovertierter ist als ich« und »Ich brauche Anerkennung und Wertschätzung«.

Oberflächlichkeit/Eitelkeit

»Ich brauche eine Light-Beziehung, die mein Leben nicht verkompliziert«

Menschen mit oberflächlich-frivolem Verhaltensschema erscheint die *Light*-Haltung der histrionisch Veranlagten oft als sehr attraktiv und angenehm. Da sie ein unkompliziertes Leben führen möchten, kommt ihnen die Trivialität der Histrioniker sehr entgegen. Denn bei denen gilt in der Regel: wenig denken, viel fühlen. Schön und gut, emotionales Verständnis muss sich nicht immer in den höchsten intellektuellen Sphären abspielen. Es gibt Paare, deren innigste Verbindung liegt im gemeinsamen abendlichen Griff in die Popcorntüte. Na und? Es könnte allerdings dann problematisch werden, wenn der eine ständig geistige Höhenflüge unternimmt und der andere mit beiden Beinen fest im Alltagsleben steht. Wobei es genügend Leute gibt, die ihren histrionischen-theatralischen Partner in einen verliebten Einstein verwandeln wollen, und hier beginnen die Dinge kompliziert zu werden, denn Kühe legen nun mal keine Eier.

Ich erinnere mich an den Fall eines sehr gebildeten und zurückhaltenden Patienten, der sich stark von den Rundungen und Reizen einer histrionischen Frau angezogen fühlte. Nur um ein paar Diskrepanzen aufzuzeigen: Sie tanzte gerne Rumba, er war Literatur- und Kunstfilmkenner; sie war stets tipptopp gekleidet, er kam im Schlabberlook daher; sie las noch nicht einmal die Schlagzeilen einer

Zeitung, und er studierte sie buchstabengenau bis hin zu den Todesanzeigen. Das Einzige, was die beiden verband, war der prickelnde Eroberungsgeist. Dennoch und entgegen aller Warnungen versuchte der Mann seine Angebetete »zu erziehen« und ihr die intellektuelle Welt zugänglich zu machen, damit seine Freundinnen und Freunde sie akzeptierten. Bleibt zu sagen, dass das Experiment rundum in die Hose ging. Die Frau ließ sich nicht manipulieren, und nur wenige Monate später verließ sie den Gelehrten für den Schlagzeuger einer Rockband, der ihren eigenen Neigungen weit eher entsprach. Man kann nicht in unterschiedlichen Teichen schwimmen. Falls dein Partner jedes Mal, wenn du dich in die Fluten wirfst, am Ufer stehen bleibt, dann läuft irgendetwas schief.

Einmal fragte ich einen Patienten, der sich scheiden lassen wollte, was der fundamentale und unüberwindliche Unterschied war, der ihn von seiner Frau trennte. Der Mann überlegte eine ganze Weile, bevor er mir antwortete. Ich ordnete derweil meine Papiere und hielt den Kugelschreiber bereit, damit mir auch kein Detail entging. Schließlich sagte er: »Ich tanze gern und sie nicht.« Emotionale Vereinfachung einer ultraleichten Liebe, die paradoxerweise nicht zum Flug abhebt.

Soziale Inkompetenz

»Ich brauche jemanden,
der extrovertierter ist als ich«

Dieses Verhaltensschema wird vom Prinzip der Kompensation gesteuert: Man ist mit jemandem zusammen, damit die Vorzüge des anderen die eigenen Mängel ausgleichen. Leider funktioniert eine solchermaßen festgelegte Liebe meistens nicht. Wenn du irgendein psychisches Defizit hast, kümmerst du dich besser selbst darum, anstatt es hinter den Qualitäten deines Partners zu verbergen; das ist gesünder. Es kommt beispielsweise häufig vor, dass Menschen, die sich selbst für sozial unzulänglich halten, für schüchtern und introvertiert, sich zu jemandem hingezogen fühlen, der ein extrovertiertes Verhalten an den Tag legt, und/oder zu jemandem mit histrionisch-theatralischen Eigenschaften. An einem hält die menschliche Natur unbeirrbar fest: Wir bewundern und beneiden diejenigen, die das haben, was wir nicht haben.

In der Regel empfinden wir es als Ausgleich, wenn unser Partner Dinge tun kann, zu denen wir nicht in der Lage sind. Eine schüchterne Frau, verheiratet mit einem extrovertierten und reichlich histrionischen Mann, erklärte mir, warum sie sich in ihren Ehemann verliebt hatte: »Ich bin ungeschickt und habe Schwierigkeiten, mit anderen Menschen in Kontakt zu treten... Er ist das Gegenteil, er macht Witze, bringt Stimmung in eine langweilige Party. Er ist der geborene Motivator... Ich wäre gern ein offenerer Mensch gewesen, aber jetzt ist es ja egal...« Als ich ihr vorschlug, nicht aufzugeben und zu versuchen, ihre Schüchternheit in den Griff zu bekommen, antwortete sie: »Aber wozu denn, wenn er es doch kann?« Die Liebe als Prothese. Eine seltsame Art, die Dinge zu betrachten und ins Gleichgewicht zu bringen – als wäre der Partner eine eigens für uns selbst angefertigte Krücke.

Wenn du denkst, dein Partner sei eine Art Zuflucht, die es ermöglicht, dass du deine soziale Inkompetenz ganz bequem ignorieren kannst, dann liegst du daneben. Egal mit wie vielen Showmen oder Showgirls du dich auch einlässt: Mit einer kompensatorischen Liebe wirst du dein defizitäres Sozialverhalten niemals überwinden. Du kannst dich hinter der geliebten Person verstecken, dich mit ihm oder ihr tarnen, aber früher oder später wird das Problem an irgendeiner anderen Stelle wieder zum Vorschein kommen.

Geringes Selbstwertgefühl

»Ich brauche Anerkennung und Wertschätzung«

Wer jemanden zur Bestätigung seines Selbstwertgefühls sucht, liegt bei einer histrionischen Persönlichkeit goldrichtig: Sie ist darauf spezialisiert, anderen zu schmeicheln und um den Bart zu streichen. Die Verbindung zwischen einem histrionischen Menschen und jemandem mit geringem Selbstwertgefühl gründet auf einem gewissen

Die erdrückende Liebe

Austausch, bei dem jeder vom anderen bekommt, was er braucht: Du verführst, ich lasse mich verführen; du willst bezaubern, ich lasse mich bezaubern; du möchtest mit deiner Schönheit beeindrucken, und ich bin von ihr beeindruckt. So entsteht ein ausgeglichenes emotionales Miteinander, eine doppelt besiegelte Übereinkunft.
So entwickelt sich ein emotionales Umfeld voller Schmus und Lobhudelei, in dem die vermeintliche Liebe immer mehr aufgeplustert wird. Und dennoch stärkt diese Art wunderbarer Beziehung in ständigem positivem Austausch das Selbstbild längst nicht so sehr, wie man vielleicht annehmen möchte. Das Selbstwertgefühl wird im lauen Dauerregen der Bestätigung eher verzerrt, und so manche süße, »fromme« Lüge trägt dazu bei. Ich erinnere mich an einen männlichen Patienten, der mir nach dem Bruch einer achtjährigen Beziehung gestand: »Ich weiß, es klingt absurd, aber meine Ex hat mich glauben lassen, ich hätte einen riesigen Penis... Eigentlich hat es mich nie besonders interessiert, aber als ich gesehen habe, wie beeindruckt sie von seiner Größe war, habe ich es auch geglaubt... Bis ich neulich mit einer reiferen Frau ausgegangen bin, die mir gesagt hat, dass er eher klein sei, ich mir darüber aber keine Gedanken machen solle, denn es käme schließlich beim Sex nicht allein auf die Größe an...« Kann es vielleicht sein, dass – ob nun bewusst oder unbewusst – der Histrioniker genau das sagt, was der andere hören möchte, um im Gegenzug Zuneigung und Aufmerksamkeit zu erhalten? Ich habe Beziehungen erlebt, in denen die Lügen, die man sich

gegenseitig auftischte, derart stabil waren, dass jede Realität da nur gestört hätte.
Wenn dein Selbstvertrauen eher gering ist, kann ein histrionischer Mensch dich derart umschmeicheln, dass dir Hören und Sehen vergeht und sich dein Ego erholt – zumindest solange du in seiner oder ihrer Gesellschaft bist. Bleibt die Frage: Wie lauten die Prognosen für eine Beziehung, in der beide Partner histrionisch sind? Es sieht nicht gut für sie aus. Diese Begegnung zweier ähnlich veranlagter Persönlichkeiten käme eher dem Zusammenstoß zweier Schnellzüge gleich, als dass man sie bloß eine »Begegnung« nennen könnte, denn sehr rasch würden sie miteinander um die Aufmerksamkeit ihrer Umwelt wetteifern, und das wäre für beide gleichermaßen unerträglich.

Ist eine gesunde Beziehung mit einem histrionischen Menschen möglich?

Meiner klinischen Erfahrung nach lässt sich ein leichter bis moderater Histrionismus durchaus handhaben, er kann – solange er sich in Grenzen hält – sogar recht erfreulich sein. Ungemütlich wird es, sobald die »Würze« überhandnimmt und die Liebe vergiftet. Auch wenn es schwierig erscheint: Der Schlüssel für das Zusammenleben mit einer histrionischen Person liegt darin, dass diese lernt, ihre Launen und Abhängigkeiten in den Griff zu bekommen. Zwischen der Kälte einer distanzierten (schizoiden) Liebe und der emotionalen Verzückung des Histrionismus gibt es einen Mittelweg, auf dem die Liebe keinen Verdruss bereitet, sondern äußerst angenehm ist.

Emotionale Überlebensstrategien

Um an der Seite eines Menschen mit dem histrionisch-theatralischen Liebesstil zu überleben, greifen die Betroffenen in den allermeisten Fällen auf zwei Grundstrategien zurück: die sanfte Tour (man verwandelt sich in einen Teddybären und lässt sich widerstandslos überrollen) oder die harte Tour (man beschränkt die Gefühlsäußerungen und setzt Grenzen). Schauen wir uns die beiden Optionen einmal genauer an.

Sich widerstandslos vom Gefühl des anderen überrollen lassen

Die größte Einbuße hierbei ist der Verlust des eigenen Standorts, was die Beziehung insgesamt zu einer schwammigen Angelegenheit werden lässt. Keine Grenzen zu setzen und sich einer histrionischen Person auszuliefern bedeutet, mit den Folgen ständiger Verführung und einer pausenlos Bestätigung suchenden Liebe umgehen zu müssen. Wer sich für diese Art des Zusammenlebens entscheidet, muss zwei Voraussetzungen erfüllen: Er sollte zum einen bei guter physischer Verfassung sein und zum anderen nicht unter Platzangst leiden. Ich weiß, dass es Menschen gibt, die sich kaum je durch irgendetwas oder irgendwen eingeengt fühlen; und dennoch behalten sich die meisten menschlichen Wesen eine exklusive Zone vor, in der sie ihre Autonomie bewahren. Man braucht Momente der Einsamkeit, um gut zu funktionieren. Das Gegenteil – ständiges Aufeinanderhocken und innerer oder äußerer Druck, und sei es auch unter dem Deckmantel der Liebe – führt immer zu aggressivem oder defensivem Verhalten: die natürliche Antwort des Lebens darauf, dass wir unsere Freiräume aufgeben.

Ein Patient berichtete mir, das Sexualleben mit seiner Frau habe sich zur wahren Tortur entwickelt, denn seine Frau bemesse ihren Anziehungsgrad an der Härte seiner Erektion. Die Dame hatte – mit welcher Methode auch immer – die Fähigkeit entwickelt, per Handgriff die Lust ihres Mannes zu ermitteln. Wenn die Härte nicht dem erwarteten Standard entsprach, folgte unausweichlich die Befragung: »Gefalle ich dir nicht mehr?«, »Ist was?«, »Habe ich etwas falsch gemacht?« Und darauf folgte der kategorische Imperativ: »Zeig mir, wie sehr du mich liebst!« Die Angst des Mannes war derart groß, dass er mich eines Tages um ein Attest bat, das ihn aufgrund anhaltenden Stresses von den ehelichen Pflichten entband.

Die erdrückende Liebe

Eine Entscheidung für diese Strategie erfordert folgende Verhaltensweisen:

- Geduldig bleiben, auch wenn die histrionisch-theatralische Person Wutanfälle bekommt
- Nicht mit Liebesentzug reagieren
- Auf Kleinigkeiten sowohl verbaler wie materieller Art achten
- Niemals den Geburtstag oder andere wichtige Termine vergessen
- Ständig ihre Vorzüge und Qualitäten rühmen und loben
- Kein allzu tiefgründiges oder intellektuelles Gebaren an den Tag legen
- Ihr in unbegrenztem Maß Liebe und Zärtlichkeit entgegenbringen
- Sie um Aufmerksamkeit buhlen lassen, wann immer es ihr beliebt
- Emotional mit ihr mitgehen
- Ihre Annäherungsversuche niemals zurückweisen oder Nein sagen
- Sie nicht für die Szenen, die sie macht, bestrafen

Wärest du in der Lage, deinen eigenen Lebensraum vollständig aufzustecken und zuzulassen, dass die Liebe des anderen dich erdrückt, und sei es auch ganz sanft? Könntest du dich an die anspruchsvollen Erwartungen einer fordernden Liebe anpassen, damit alles »in Ordnung« ist?

Ist eine gesunde Beziehung mit einem histrionischen Menschen möglich?

Der erdrückenden Liebe Grenzen setzen und die Eigenständigkeit verteidigen

Wer sich für die harte Tour entscheidet, verteidigt seine persönliche Souveränität um jeden Preis. Er wird sich niemals durch die Liebe ersticken lassen. Genauso wenig wird er sich in ein oberflächliches Leben fügen oder es gutheißen, wenn der Partner sich zum Affen macht, indem er auf unangebrachte Weise um Aufmerksamkeit buhlt. Diese Haltung erfordert Unnachgiebigkeit: »Entweder du änderst dich und hältst dich künftig mehr zurück, oder ich gehe.« Es gibt dabei nur ein Aber: Sobald man einer histrionischen Person seine Liebe entzieht, reagiert sie mit Gewalt, was nicht nur mit Grobheiten, sondern auch mit der Androhung von oder sogar mit versuchtem Selbstmord enden kann.

Die harte Linie ist durch folgende Verhaltensweisen geprägt:

- Unter keinen Umständen auch nur die geringste Art von Manipulation erdulden
- Klar den eigenen Bereich, die eigenen Freiräume abstecken und nicht zulassen, dass der andere sie missachtet
- Sich das Recht nehmen, weder Gefühle ausdrücken noch welche entgegennehmen zu müssen, indem man klarstellt, dass es sogar für die Liebe einen Konsens braucht
- Den Partner zur Ordnung rufen, wenn er versucht, öffentlich um Aufmerksamkeit zu buhlen

- Eigene Aktivitäten ohne den Partner verfolgen
- Nicht unwillentlich in die Verführungsfalle tappen
- Oberflächlichkeiten kritisieren, sofern sie existieren
- Sich nicht mit einem unbefriedigenden Sexualleben abfinden
- Das Emotionale mit dem Rationalen in Einklang bringen

Bist du in der Lage, diese Strategie zu verfolgen und die Konsequenzen in Kauf zu nehmen? Ich möchte nur in Erinnerung rufen, dass es der Zündung einer Zeitbombe gleichkommt, einer histrionischen Person die Aufmerksamkeit oder die Zuneigung entziehen zu wollen. Doch hat der Grad der Zudringlichkeit ein gewisses Maß erst einmal überstiegen, ist es unabdingbar und lebensnotwendig, Grenzen zu setzen. Hierbei muss man mit Zärtlichkeit und Geduld vorgehen, seine Gründe darlegen und sich gesprächsbereit zeigen. Ich zweifle daran, dass ein gedankenloses und brutales Vorgehen – zu dem manche Menschen, die unter emotionaler Nötigung leiden, aus Verzweiflung greifen – zu etwas Gutem führt. Eins sei dir bewusst: Histrionische Liebe muss hochgerechnet werden – für jedes eingebrachte Gramm Liebe erhält man mehrere Kilo zurück. Aber es wäre trotzdem schön, wenn man es freiwillig tun könnte.

Ist eine gesunde Beziehung mit einem histrionischen Menschen möglich?

Bis wohin lässt sich verhandeln?

Ich denke, mit histrionischen Menschen kann man durchaus gewisse Dinge aushandeln, denn sie sind mental nicht darauf ausgerichtet, andere verächtlich zu behandeln oder zu erschüttern. Zu fehlendem Respekt gegenüber dem anderen kommt es bei ihnen aus Überschwang und nicht aus Missachtung, wegen eines zu geringen Selbstwertgefühls und nicht aus Arroganz. Genügend Liebe ist ja durchaus vorhanden, es geht nur darum, zu lernen, wie man sie dosiert. Natürlich können wir niemandem sagen, er solle uns weniger lieben. Aber wir können ihn darum bitten, seine Liebesbekundungen und die damit einhergehenden Gefühle im Rahmen zu halten.

Ein mit einer histrionischen Frau verheirateter Patient berichtete mir: »Ich glaube, wir haben große Fortschritte gemacht. Sie respektiert meine eigenen freien Minuten besser, und ich erlebe sie als kontrollierter... Aber es kommt mir vor, als würde ich ein kleines Mädchen erziehen... Ich glaube, ich fange gerade erst an, sie kennenzulernen...« Und genau so ist es. Manche sind dann enttäuscht und verlieren die Geduld, andere verlieben sich nur noch mehr. Worüber also lässt sich verhandeln? Zum Beispiel können wir die persönlichen Freiräume neu abstecken, mehr Rationalität einbringen, versuchen, die Alltagsprobleme gemeinsam zu bewältigen, der Verführung einen geregelten Stellenwert beimessen, beurteilen lernen, wann und wo es angebracht ist, im Mittelpunkt der Aufmerksamkeit zu stehen, das Alleinsein als beidseitiges Recht zurückerobern, dem Sex eine neue Bedeutung zuweisen, persönliche Hobbys oder Aktivitäten suchen, die die Kreativität des Histrionikers kanalisieren (Theater, Malerei, Tanz, Mode), und das schlichte und oberflächliche Denken abschwächen, um allmählich ein gewisses Interesse an komplexeren und tiefgründigeren Themen zu entwickeln. All das braucht Kraft, Lust und – von Fall zu Fall – auch professionelle Unterstützung. Es ist deine Entscheidung.

Histrionische Menschen rechtzeitig erkennen

Man sollte sich nicht allzu sicher fühlen, auch wenn man nicht gerade auf den histrionisch-theatralischen Typus steht, denn sobald ein solch exhibitionistischer Mensch seine Show abzieht, könnte man ihm trotzdem recht schnell in die Falle gehen. Wer läuft die größte Gefahr, ins histrionische Spinnennetz zu geraten? Arglose, leichtgläubige Menschen, die der Maxime folgen: »Ich möchte daran glauben, dass ich dir wirklich gefalle.« Generelle Naivität gegenüber anderen ist in der Eroberungsphase verheerend. Nachdem sie zweimal mit einem typischen Don Juan ausgegangen war, folgerte eine sehr unvorsichtige Patientin: »Ich spüre, dass er's ehrlich meint... Ich glaube, er sieht etwas Besonderes in mir... Mein Herz sagt mir, ich bin nicht wie all die anderen...« Nachdem

sie miteinander geschlafen hatten, war der Mann verschwunden. Auch das Herz kann sich täuschen und lügen.
Seien wir also realistisch und ein bisschen gescheiter: Wirkliche Besonderheit ist erst nach genügend gemeinsam verbrachter Zeit und mit ausreichend Liebe erkennbar, sie lässt sich kaum nach ein paar wenigen Treffen deklarieren. »Es gefällt mir, dass ich dir gefalle« oder »Du gefällst mir, weil ich dir gefalle« sind Vorgaben, die direkt in eine erdrückende Liebe führen.
An folgenden Merkmalen lassen sich histrionisch-theatralische Personen ausmachen:

Sie fallen auf – sei es durch die Art ihrer Kleidung, ihre Redeweise, ihre Art sich zu bewegen oder ihre Gesten.
- Bei allem, was sie sagen oder tun, sind sie emotional engagiert.
- Sie sind jederzeit bereit, dir zu sagen, was du hören willst, oder dir übertriebene Komplimente zu machen, selbst wenn du sie gar nicht verdient hast.
- Diskretion ist ein Fremdwort für sie. So kann es sein, dass sie innerhalb weniger Minuten an einem öffentlichen Ort zum Mittelpunkt des Interesses und zum Gesprächsgegenstand werden.
- Häufig begegnet man solchen Floskeln wie: »Das ist der schönste Abend meines Lebens«, »Ich habe noch nie so jemanden kennengelernt wie dich«, »Ich bin der glücklichste Mensch auf Erden«. Problematisch ist nicht der Inhalt der Sätze, der kann durchaus ernst gemeint sein,

sondern die Leichtigkeit, mit der sie ihnen von den Lippen gehen.
- Trotz der demonstrativen Flirterei kann es passieren, dass man ein heftiges Nein einfängt, sobald man versucht, vom »Verführungsspiel« zügig zum »sexuellen Spiel« überzugehen. Dann hat man den Code falsch gedeutet. Für Histrioniker müssen Verführung und Sex nicht zwangsläufig etwas miteinander zu tun haben. Was jedoch nicht ausschließt, dass der Akt auch vollzogen werden kann.
- Höchstwahrscheinlich gibt es Berührungen, Zärtlichkeiten, vielversprechende, manchmal auch aufdringliche Annäherungsversuche oder direkte Fragen, die einen überrumpeln oder einfach sprachlos und handlungsunfähig machen.

Einmal kam ein Patient zu mir in die Sprechstunde und war einfach nur beschämt: »Es tut mir leid, wirklich, es tut mir leid... Ich schwöre, ich habe all das angewandt, was Sie mir beigebracht haben, aber gegen ihre Schönheit, ihren Körper, ihre Haut, das Parfüm, den Charme, ihre sympathische Ausstrahlung bin ich machtlos. Um ehrlich zu sein, Herr Doktor, als ich vor der Wahl zwischen ihr und Ihnen stand, da hab ich mich für sie entschieden... Ganz egal, ob Sie mir den Kopf waschen – niemand hätte dieser Frau widerstehen können. Sie hätten sie sehen sollen...! Und das Schlimmste ist, ich glaube, ich bin dabei mich zu verlieben... Ich sage ja gar nicht, dass Ihre Methode nicht fruchtet, nur müssen Sie noch etwas daran feilen… Und trotzdem, kann ich weiterhin Ihr Patient bleiben?« Meine Antwort war schlicht: »Na, dann fangen wir eben noch mal von vorne an.«

Ratschläge für histrionisch veranlagte Menschen

Ich erinnere mich an eine Fabel von Augusto Monterroso, *Der Hund, der ein Mensch sein wollte*, in der der Autor von einem Hund erzählt, der »sich in den Kopf gesetzt hatte, sich in einen Menschen zu verwandeln« und dem es nach einigen Jahren mühsamster Anstrengung gelungen war, auf zwei Pfoten zu gehen. Etwas jedoch, so erzählt der Autor, verriet ihn: Er biss weiterhin, drehte sich dreimal im Kreis, bevor er sich hinlegte, sabberte, sobald die Kirchenglocken läuteten, und heulte nachts den Mond an. Die Moral von der Geschichte: Jeder Mensch hat einen Wesenskern, der ihn ausmacht. Ihn anzunehmen ist ein Zeichen von geistiger Gesundheit: ohne Eitelkeit und unnötiges Geziere mit Körper und Seele man selbst zu sein. Wenn du eine histrionisch-theatralische Persönlichkeit hast, wirst du vielleicht bei der Lektüre dieses Kapitels schon festgestellt haben, dass dein Selbstwertgefühl sehr zu wünschen übrig lässt: Du glaubst, du wirst dafür geschätzt, wie du *erscheinst*, nicht dafür, was du *bist*. Ich bestreite gar nicht, dass ein sympathisches Wesen und das physische Erscheinungsbild wichtige Zutaten in der Eroberungsphase sind, aber sie sind nicht bestimmend oder ausschlaggebend für das, was darauf folgt. Nach der Eroberung, bei der zwangsläufigen und unvermeidlichen Zweisamkeit, geht es um das, was du *bist*, um deine Sicht der Dinge, deine Liebenswürdigkeit, also um die wahre Person – ohne Tarnung und ohne das dekorative Drumherum, auf das du so viel Wert legst.

In keinster Weise möchte ich Emotivität an sich kritisieren. Aber ich muss zugeben, dass jeder Ausdruck von Gefühl nur umso schöner wird, wenn zwei Tugenden daran beteiligt sind: die Umsicht (die Fähigkeit zu unterscheiden, wo, wie und wann es angemessen ist, etwas zu tun oder zu lassen) und die Nüchternheit (weder zu übertreiben noch bis ans Äußerste zu gehen). Offenbar hast du Schwierigkeiten, diese beiden Tugenden sinnvoll einzusetzen, denn in manchen Momenten treiben dich die Emotionen dazu, völlig übersteigert zu handeln, ohne Rücksicht auf Verluste. Was also ist zu tun? Sich in Schlichtheit üben, dem Gegenteil von Glamour, Pomp und Prunk. Und wenn ich von Schlichtheit rede, meine ich nicht Primitivität oder Geschmacklosigkeit. Lass deinen Zauber weiter wirken, aber setz ihn mit einer Portion gesundem Menschenverstand ein. Der Philosoph André Comte-Sponville sagt dazu: »Einfachheit ist nicht mangelndes Bewusstsein, Einfachheit ist nicht Dummheit. Ein einfacher Mensch ist kein Simpel. Einfachheit bildet vielmehr den Gegenpol zu Nachdenklichkeit und Intelligenz, denn sie hindert sie daran, überhandzunehmen...«

Warum du so bist, wie du bist? Vielleicht haben dich deine Eltern darin bestärkt, auf diese Weise Aufmerksamkeit zu erregen, oder dir gewisse histrionische Modelle vorgelebt, die du imitiert hast. In manchen Familien werden Schönheit, Verführungskraft und Ansehen als wichtige Werte an die Kinder übermittelt. Auch ist nicht auszuschließen, dass du ein hochempfängliches, sensibles Nervensystem geerbt hast. Wie du siehst, gibt es Erklärungen für dein Verhalten. Professionelle Hilfe wäre in deinem Fall ratsam, denn sie könnte dich dabei anleiten, deinen Beziehungsstil zu modifizieren und abzuwandeln, um ihn in ein gesundes Gleichgewicht zu bringen. Kein ernst zu nehmender Therapeut wird versuchen, dich deiner Identität zu berauben, vielmehr wird er dir helfen, sie zu kanalisieren, damit du das Beste aus deinen natürlichen Anlagen machst. Doch welche Therapieform du auch beginnst, sie wird dir eine geistige Anstrengung abverlangen, was nicht immer leicht ist für jemanden, der sich üblicherweise rein gefühlsmäßig durchs Leben schlägt. In den Büchern *Amar o depender* (Lieben oder abhängig sein) und *Los límites del amor* (Die Grenzen der Liebe) weise ich Möglichkeiten auf, die dir dabei helfen könnten.

2 Die misstrauische Liebe

Der paranoid-überwachende Stil

Welche Einsamkeit ist einsamer als Misstrauen?
George Eliot

Wenn du das Pech hast, mit einem paranoiden Partner zusammen zu sein, wirst du immer so lange als schuldig gelten, bis du das Gegenteil bewiesen hast. Für sie oder ihn zählen weder dein gutes Verhalten noch deine Liebesbekundungen. Du stehst ständig auf der schwarzen Liste potenzieller Feinde, bei all deinen Handlungen wird stets ein Hintergedanke vermutet. Die Grundannahme, auf der das paranoide Verhaltensschema beruht, ist menschenverachtend: »Der Mensch ist schlecht, und wenn du nicht aufpasst wie ein Luchs, tut er dir was an«, Familie eingeschlossen. Misstrauen und Bereitschaft zum Gegenangriff ist für sie die beste Strategie, um in einer Welt zu überleben, die sie als feindlich und egoistisch wahrnehmen. Die misstrauische Liebe stellt den anderen unter Generalverdacht und verpflichtet ihn, sich durch Treue- und Loyalitätsbeweise pausenlos selbst zu entlasten. Doch Liebe und Misstrauen sind nicht kompatibel, da können noch so viele »Belege« vorgelegt werden: Sie tummeln sich niemals unter demselben Dach.

Sara war eine dreißigjährige verheiratete Frau und Mutter von zwei kleinen Töchtern. Als Studentin der Zahnmedizin musste sie ihr Leben zwischen der Universität und ihrem Zuhause aufteilen. Ihr Ehemann Felipe, ein zweiundvierzigjähriger Mann mit eindeutig paranoidem Profil, verbrachte den Großteil seiner Zeit damit, seine Frau zu überwachen. Für die »Überprüfung« nutzte er zahlreiche Kontrollmechanismen: Telefonanrufe zurückverfolgen, Einkaufsbelege checken, ihr nachgehen, unangekündigt dort

aufkreuzen, wo sie sich mit anderen traf, nach widersprüchlichen Informationen suchen, ihre Post durchstöbern, kurzum: Im Vergleich mit Felipe war jeder CIA-Ermittler ein Stümper. Eine der »Prüfungen« empfand Sara als besonders erniedrigend. Kam sie zuweilen spät von der Universität, so wartete er mit versteinerter Miene auf sie, führte sie ins Schlafzimmer und forderte sie auf, sich auszuziehen. Dann roch er an ihrer Unterwäsche und an ihrem Geschlecht nach verräterischen Männerspuren. Offenbar konnte Felipe gelegentlich auch ganz anders. War das Misstrauensschema einmal außer Kraft gesetzt, was gelegentlich vorkam, konnte er sehr zärtlich und liebenswürdig sein; unter dem Einfluss der Paranoia jedoch verwandelte er sich in eine gnadenlose und bedrohliche Person.
Während einer Sitzung fragte ich ihn, warum er seine Verdächtigungen aufrechterhielt, obwohl sie sich niemals bestätigten. Seine Antwort war verblüffend: »So einfach ist das nicht ... Sie ist sehr intelligent ... Manchmal glaube ich, sie macht ›ihre Sache‹ einfach nur so gut, dass sie keine Spuren hinterlässt.« Sara steckte in der Klemme: Was auch immer sie tat, sie war moralisch vorverurteilt. Als die Frau in meine Sprechstunde kam, diagnostizierte ich eine leichte Depression und panische Störungen bei ihr, möglicherweise aufgrund der Zwickmühle, in der sie sich befand: Sie konnte ihn nicht verlassen, weil sie ihn liebte, und sie konnte ihn nicht bitten, sich professionellen Rat zu holen, denn sie hatte Angst vor ihm. Ihre Beziehung war ein Gefängnis, und der Mann, den sie liebte, ihr Aufseher.

Für Felipe sah die Lage keinen Deut besser aus. Sein Unglück bestand darin, dass er seine »beste Feindin« liebte. Während er sich also gegen Saras angenommene Regelverstöße und Täuschungsmanöver wappnete, wuchs ihre Verzweiflung. Irgendwann kamen sie nicht mehr in die Sprechstunde. Das Letzte, was ich von ihnen hörte, war, dass sie immer noch zusammen sind.

Leben mit dem Feind

Zugegeben, nicht immer ist Misstrauen nur kontraproduktiv. Für den Agenten eines Detektivbüros ist Argwohn sicherlich ein gutes Überlebenswerkzeug, auch für einen Soldaten mitten im Krieg, oder für Emigranten, die in ein ihnen feindlich gesinntes Land einwandern. Kinder sind Fremden gegenüber generell misstrauisch, und das garantiert ihnen eine gewisse Sicherheit vor möglichen Übeltätern. Gut, einverstanden, auch bei einem Spaziergang durch ein besonders berüchtigtes Viertel, in dem Überfälle zur Tagesordnung gehören, wäre es reine Dummheit, einfach auf sein Glück zu vertrauen. Das Problem beim paranoid-überwachenden Beziehungsstil ist, dass der Argwohn gegen jede Vernunft zur Lebensform wird.
Die inakzeptable Grundannahme der misstrauischen Liebe lässt sich drei gleichermaßen destruktiven Schemata zuordnen: »Wenn ich dir meine Liebe zeige, nutzt du mich aus« (defensive Vorverurteilung), »Wenn ich nicht auf-

passe, betrügst du mich« (fehlgeleitete Fixierung) und »Du bist schuldig durch dein Vorleben« (emotionales Karma).

Defensive Vorverurteilung
»Wenn ich dir meine Liebe zeige, nutzt du mich aus«

»Verliebt sein in den Feind«. Gibt es ein größeres Paradox für einen paranoiden Menschen? Eine emotionale Bindung einzugehen heißt immer, die Verteidigung aufgeben und zuzulassen, dass der andere unsere Barrieren überschreitet. »Sich auszuliefern« bedeutet, die Masken fallen zu lassen und sich ungeschützt als derjenige zu zeigen, der man ist. Nun, jemand mit dem paranoid-überwachenden Beziehungsstil wird das als Verrat an sich selbst empfinden, als eine Art infamen psychologischen Selbstmord. Er liebt auf eine argwöhnische, skeptische Weise: »Ich liebe dich mit Zweifeln und Vorbehalten, unter Vorsicht und Zurückhaltung, ich liebe dich aus der Defensive heraus und kann mich jederzeit zurückziehen.« Kann sich unter so vielen und so schäbigen Voraussetzungen Liebe entfalten? Eine Frau mit paranoiden Merkmalen sagte mir einmal: »Ich öffne mich nie gänzlich gegenüber anderen... Auf keinen Fall gehe ich das Risiko ein, dass mich jemand wirklich kennenlernt...! Lieber kehre ich die Seite hervor, auf die ich gerade Lust habe, und achte darauf, mich nicht zu verlieben. Ich weiß, wenn ich mich verliebe, werde ich weich, und schon bin der Gnade anderer ausgeliefert und werde schamlos ausgenutzt...« Liebe im Kriegszustand, allzeit bereit zum Gegenangriff. Die Gefühle verstecken, zurückhalten, kleinmachen, damit niemand in den eigenen Privatbunker eindringen kann: Hier handelt es sich nicht um Liebe, sondern um ein strategisches Konzept. Kurios daran ist, dass meine Patientin unter ihrer Einsamkeit litt. Für jemanden wie sie ist eine feste Beziehung fast genauso schlimm, wie mit Hannibal Lector in einem Zimmer eingesperrt zu sein.

Einmal gestand mir ein Mann den Grund für seine »emotionale Zurückhaltung«: »Eigentlich mache ich das mit Absicht... Obwohl ich sie sehr liebe, dosiere ich die Zuwendung lieber, damit sie unsere Beziehung nicht ausnutzt... So fahre ich gut und habe sie unter Kontrolle...« Als ich ihm antwortete, dass eine solche Beziehung schmerzhaft für beide und schwierig aufrechtzuerhalten sei, entgegnete er sofort: »Aber sie hat bislang kein Trauma davongetragen, und wir sind immer noch zusammen... Ich sehe nicht, worin das Problem liegt...« Diese Art von Vorbeugung ist verletzend. Wenn meine Partnerin ständig davon ausginge, ich hätte in irgendeiner Weise vor, ihre Liebe auszunutzen, würde ich sie bitten, an sich zu arbeiten, oder ich könnte diese Beziehung nicht länger aufrechterhalten.

Fehlgeleitete Fixierung
»Wenn ich nicht aufpasse, betrügst du mich«

»Gedankenleserei« ist die wesentliche kognitive Störung des Paranoiden. Fast immer denkt er darüber nach, was der andere wohl denkt, das er denkt, und versucht das Vorhaben seines Partners zu durchleuchten. Die Angst und der Argwohn dieser Menschen gehen so weit, dass sie schließlich sogar Erleichterung verspüren, wenn ihre Annahmen sich bestätigen. Obwohl sie wehtut, ist ihnen die Tatsache eines vollzogenen Betruges lieber als die tägliche Ungewissheit darüber. Jemand, der herausgefunden hatte, dass seine Frau seit Längerem ein Verhältnis unterhielt, sagte mir erleichtert: »Jetzt hat es zumindest ein Ende, der Verdacht hat mich fast umgebracht.« Ist der Schmerz der aufgehobenen Unsicherheit dem möglichen Glück denn vorzuziehen? Tatsächliche oder eingebildete Eifersüchteleien, ob nun gerechtfertigt oder nicht, ob lang zurückliegend oder auf die Zukunft gerichtet, schmerzen alle gleich und richten denselben Schaden an. Wenn dein Partner vor deiner Nase schamlos herumflirtet, wirst du sauer, das ist normal. Niemand bekommt gerne Hörner aufgesetzt, und erst recht nicht im eigenen Beisein. Wie würde ein »normaler« Mensch sich in einer solchen Situation verhalten? Die Sache direkt angehen, offen sagen, was er denkt, und versuchen, das Problem ein für alle Mal friedlich beizulegen. Ein praktizierender Swinger hat womöglich sogar seinen Spaß daran, zuzuschauen, wie die bessere Hälfte mit jemand anderem kokettiert, und es handelt sich um eine geteilte Leidenschaft. Jeder muss die Verantwortung und den Preis für seine Vorlieben selbst tragen – wichtig dabei ist, dass Vereinbarungen eingehalten werden und es eine gewisse Grundübereinstimmung gibt. Ich kann mir beispielsweise keinen paranoid veranlagten Menschen als Partner einer histrionischen Persönlichkeit vorstellen.

Pathologische Eifersüchteleien sind anders. Sie kommen grundlos zum Vorschein, und der Eifersüchtige beginnt, wahnhaft Zusammenhänge zu erstellen und sich fadenscheinige Dinge zusammenzureimen. Pausenlos kommt es zu falschen Annahmen und das kann zu Eifersuchtswahn führen. Hier ein illustres Beispiel dafür: Ein Patient war sich sicher, dass seine Frau in seinem Beisein mit jemand anderem schlief, weshalb er beschloss, nachts nicht mehr zu schlafen, den Eindringling auf frischer Tat zu ertappen und dingfest zu machen. Überflüssig zu erwähnen, dass er den angenommenen Liebhaber nie geschnappt hat.

Was den Paranoiden jedoch womöglich am meisten stört, ist sein verletzter Stolz deswegen, weil der vermeintliche Betrug ein zuvor besiegeltes affektiv-sexuelles Exklusivitätsabkommen bricht. Wichtig ist es, hier einmal klarzustellen, dass »beschmutzte Ehre« und »Besitzanspruch« nicht allein männliche Probleme sind, sondern durchaus auch bei Frauen vorkommen. Hier der Auszug aus meinem Gespräch mit einer Frau, die entdeckte, dass ihr Mann ihr untreu gewesen war, die ihn aber nicht verlassen wollte.

Therapeut:	Lieben Sie ihn?
Patientin:	Nicht besonders.
Therapeut:	Warum bleiben Sie dann bei ihm? Ist es all das Geschrei, den ganzen Streit, die Nachstellungen und Schereien, zu denen das geführt hat, überhaupt noch wert?
Patientin:	Er gehört mir, ob er will oder nicht…
Therapeut:	Eins verstehe ich dabei nicht ganz… Wenn Sie ihn nicht lieben, was verletzt Sie dann so?
Patientin:	Es ist der Stolz, die Würde… Da hat eine Frau versucht, mir etwas wegzunehmen, das mir gehört… Sie drängt sich in mein Leben…
Therapeut:	Ich hake nochmals nach, wäre es nicht vielleicht doch besser, die Sache eine Weile ruhen zu lassen, anstatt so viel böses Blut zu stiften, so viel Hass und Wut zu empfinden? Das ist nicht gerade gesund…
Patientin:	Nicht gesund? Es hält mich am Leben…! Dafür muss er zahlen!
Therapeut:	Zahlen?
Patientin:	Er muss für den Schmerz büßen, den er mir angetan hat.
Therapeut:	Und das gibt Ihnen Befriedigung?
Patientin:	Das weiß ich noch nicht… Er ist mir etwas schuldig, und bis er diese Schuld nicht voll und ganz beglichen hat, lasse ich ihn nicht in Frieden…

Wenn Untreue und Rachegelüste aufeinanderprallen, fliegt alles in die Luft. Da ist kein Platz zum Verzeihen, und die zweite Chance ist so weit entfernt wie der Weltfrieden.

Emotionales Karma
»Du bist schuldig durch dein Vorleben«

Einem meiner jüngeren Patienten ließ das frühere Liebesleben seiner Partnerin keine Ruhe. Er konnte sich einfach nicht damit abfinden, dass sie vor ihm schon ein paar Freunde und eine Beziehung gehabt hatte. In seinem verbissenen, fast masochistischen Zwang, alles darüber herauszufinden, schoss er weit über das Ziel hinaus. Er stellte inquisitorische Fragen: »Hast du ihn geküsst?«, »Hast du dich von ihm anfassen lassen?«, »Hast du kurze Röcke angehabt?«, »Warst du glücklich?«, »Wie hat er dich geküsst, mit der Zunge oder bloß auf den Mund?«, »Hast du seinen Penis berührt?« und weiter in dieser Art. Die Frau erklärte ihm haarklein jedes Detail, weil sie glaubte, das trüge zu seiner Beruhigung bei. Das Gegenteil war der Fall: Mit jeder Information goss sie Benzin auf ein offenes Feuer. Hier der Ausschnitt aus einem meiner Gespräche mit ihm:

Therapeut: Warum sind Sie so scharf darauf, alles darüber zu erfahren, was vor Ihrer Beziehung gewesen ist?

Die misstrauische Liebe

Patient: Ich kann den Gedanken nicht ertragen, dass sie ohne mich ihren Spaß hatte... Das halte ich einfach nicht aus...
Therapeut: Meinen Sie das Sexuelle oder auch das Emotionale?
Patient: Alles! Sie hat einen anderen geliebt, war mit ihm glücklich, hat ihn vermisst, geküsst und hat es genossen! Verstehen Sie denn nicht, was das heißt?
Therapeut: Mir scheint, sie hat sich genauso verhalten wie jede andere Frau auch... Ich sehe darin nichts Besorgniserregendes...
Patient: Sie hat mit diesem Vollidioten herumgeknutscht!
Therapeut: Das macht man eben überall auf der Welt, wenn man mit jemandem zusammen ist...
Patient: Ich hätte lieber so eine Frau wie die von früher, für die ich der einzige Mann im Leben bin.
Therapeut: Und hier sind Sie der Letzte... Sie ist Ihnen treu und liebt Sie jetzt, reicht das nicht?
Patient: Sie hat mich doch schon betrogen!
Therapeut: Ich verstehe nicht...
Patient: Sie hintergeht mich, seit sie sechzehn ist, seit sie mit ihrem ersten Typen zusammen war...
Therapeut: Aber damals haben Sie in ihrem Leben doch noch überhaupt keine Rolle gespielt! Sie kannte Sie nicht einmal!
Patient: Ist doch egal, jedenfalls hat sie es getan...

Kein Mensch oder Therapeut auf der Welt hätte ihn von seiner Meinung abbringen können. Er war nicht in der Lage, das Grundmuster seiner Eifersucht abzuwandeln. Schließlich zerbrach die Beziehung, was ihm und vor allem ihr großen emotionalen Schmerz zufügte, die sie sich nach all dem Bohren in ihrer Vergangenheit schließlich für ihr »obskures« Verhalten schuldig fühlte. Rückwärtsgewandte Eifersüchteleien, ein radikaler nachträglicher Exklusivitätsanspruch, sogar bis über die eigene Geschichte hinaus – gibt es ein ausgeprägteres Besitzdenken, einen anachronistischeren, sinnloseren Groll? Der paranoide Stil suhlt sich in der Erinnerung an negative Vorkommnisse, zieht absurde Schlüsse und urteilt schließlich gnadenlos. Bei sehr eifersüchtigen und rachedurstigen Menschen heilt die Zeit keine Wunden, sie verschlimmert sie vielmehr und hält sie ewig offen.

Paranoide Beziehungen – die Gründe

Die Vorteile des Argwohns

Die Menschen sind verschieden, und es gibt sogar welche, die paranoide Beziehungen freiwillig eingehen. Nicht dass sie vom paranoiden Stil an sich angezogen würden. Vielmehr locken sie die Nebenerträge, die sie sich durch eine solche Beziehung erhoffen, und die Aussicht, ein persönliches Defizit ausgleichen zu können. Die Suche nach einem paranoiden Partner oder der Wunsch, mit ihm eine Beziehung einzugehen, wird einem nicht immer bewusst. Vielmehr kommt es dazu, wenn das potenzielle Opfer spürt, dass der andere gewisse Bedürfnisse in ihm stillen könnte. Diese Anziehung durch einen Mangel wird sich mit der Zeit in eine negative Anhänglichkeit verwandeln, der nur sehr schwer beizukommen ist.

Wer eines der folgenden negativen Schemata und die entsprechenden »Mangelerscheinungen« aufweist, wird sich womöglich von paranoid-überwachenden Menschen und ihrer misstrauischen Liebe angezogen fühlen: »Ich brauche einen Partner, der meine Abkapselung gutheißt und mir darin Gesellschaft leistet« (sozialer Isolationsgenosse), »Du sollst eifersüchtig sein und meinetwegen leiden, damit ich spüre, dass du mich wirklich liebst« (bestätigendes Leid) und »Du sollst mir dabei helfen, die Feinde auszumachen« (empathisches Misstrauen).

Suche nach einem sozialen Isolationsgenossen

»Ich brauche einen Partner, der meine Abkapselung gutheißt und mir darin Gesellschaft leistet«

Introvertierte Charaktere oder Menschen mit Sozialängsten können in einem Paranoiker einen guten Gefährten dabei finden, sich von anderen fern zu halten, mögen ihrer beider Gründe dafür auch verschieden sein. Während ein Mensch mit paranoidem Beziehungsstil vermeiden will, dass andere

ihn ausnutzen, versucht die schüchterne Person es zu vermeiden, sich der Kritik ihrer Umwelt auszusetzen. Den »affektiven« Zusammenhalt dieser Paare bildet die Furcht.
Was sie vereint, ist die Abscheu vor anderen, deshalb gehen sie lieber auf Distanz und vergrößern ihren Schutzraum. Der Paranoiker sagt: »Kennen sie mich, kennen sie auch meine Schwachstellen und versuchen, mich zu beeinflussen oder anzugreifen.« Die Person mit Sozialängsten sagt: »Bestimmt mache ich mich lächerlich.« Ich habe mehr als ein Paar gekannt, das zu dieser Art von »strategischer Allianz« zusammengefunden hat, deren verbindendes Element ähnliche Schwächen waren – es handelt sich also in gewisser Weise um eine tröstende und kompensatorische Liebe.
Ein schüchterner, introvertierter Mensch mit Sozialängsten wird in jemandem mit paranoidem Beziehungsstil eine Stütze innerhalb seiner sozialen Isolation finden. Er könnte das als wunderbare Fügung empfinden, obwohl es in Wahrheit nicht mehr ist als die Verbindung zweier pathologischer Muster.

Bestätigendes Leid

»Du sollst eifersüchtig sein und meinetwegen leiden, damit ich spüre, dass du mich wirklich liebst«

Eifersucht als Selbstbestätigung, Schmerz und Sorge des anderen als verlässliches Anzeichen für eine intakte Liebe: »Dein Leid macht mich an«, »Dein Schmerz um mich ehrt mich«: Liebender Sadismus?

Die misstrauische Liebe

Es ist die Vorstellung einer leidenden Liebe, wie sie Platon beschrieben hat, einer unkontrollierbaren, manischen Liebe, einer unsicheren und obsessiven Liebe, die fortwährend um den Verlust des Geliebten bangt. Besitzt man ihn schließlich, wird der andere zum stimm- und meinungslosen Objekt.

Wenn ein Verliebter sagt: »Du gehörst mir« und sein Partner/seine Partnerin darüber in Ekstase gerät, treten zwei Verhaltensstörungen miteinander in Wechselwirkung. Das Raubtier und sein Opfer funktionieren synchron: »Besitze mich, pass auf mich auf und sei verrückt nach mir« (der Abhängige) und »Ich muss dich überwachen, weil ich glaube, dass du mich verlassen wirst« (der Paranoide). Wie soll innerhalb eines solchen Arrangements auch nur das kleinste bisschen Verstand walten können? Selbstbestätigendes Leid beiderseits: Der eine leidet, weil er zweifelt, der andere, weil er sich verfolgt fühlt. Ein verrückt gewordener Eros!

Für Menschen, die Eifersucht als eine Form emotionaler Hingabe betrachten, gerät die Liebe ohne Leid unter den Verdacht der Lieblosigkeit. Eine meiner Patientinnen bekräftigte diese ganz spezielle Philosophie des Liebesleids so:

Patientin: Mein Partner leidet Höllenqualen meinetwegen...
Therapeut: Und das kümmert Sie nicht?
Patientin: Der Arme...

Therapeut:	Und warum lächeln Sie jetzt?
Patientin:	Er kann ohne mich nicht leben …
Therapeut:	Aber darunter leidet er sehr, oder nicht?
Patientin:	Er hat Angst, mich zu verlieren, er glaubt, ich liebe ihn nicht genug …
Therapeut:	Sie haben mir doch gesagt, dass Sie ihn lieben …
Patientin:	Das stimmt … Aber ich hab's gern, wenn er sich um mich sorgt, immer um mich herum ist … Aus purer Angst … Ich bin noch nie so geliebt worden …!
Therapeut:	Klingt nach einer Liebe ohne großes Vertrauen, typisch für den paranoiden Stil, und das könnte gefährlich werden … Spielen Sie da nicht mit dem Feuer …?
Patientin:	Ich finde es großartig!
Therapeut:	Glauben Sie nicht, dass so viel Misstrauen Ihnen gegenüber sich irgendwann negativ auf Ihr Selbstwertgefühl auswirkt? Er tut so, als wären Sie »leicht zu haben« …
Patientin:	Ganz im Gegenteil! Mein Selbstwertgefühl ist sogar gestiegen! Sehen Sie denn nicht, dass dieser Mann für mich sterben würde?
Therapeut:	Fühlen Sie sich bei so viel Druck und Kontrolle nicht eingeengt?
Patientin:	Ich fühle mich geliebt!
Therapeut:	Und wenn Sie mal genug davon haben?
Patientin:	Davon werde ich niemals genug kriegen!

Fünf Monate später brach die Beziehung auseinander, weil die Beharrlichkeit des Mannes in Aggressivität umgeschlagen war. Das Wesen der Eifersucht ist durch ein anwachsendes Gewaltpotenzial gekennzeichnet. Meine Patientin hatte das Risiko, in dem sie sich befand, unterschätzt und die Verzweiflung des Paranoiden mit dem Furor einer leidenschaftlichen Liebe verwechselt, was definitiv ein Fehler war.

Der Paranoide ist darauf spezialisiert, seinen Partner zu observieren, zu überwachen, ihn zu belauern, auszuspionieren und in den Hinterhalt zu locken. Manche deuten dieses wahnhafte Verhalten als große Liebe, doch tatsächlich ist es das Anzeichen einer Krankheit. Ein Mann, mit einer zwanzig Jahre jüngeren Frau liiert, die sehr eifersüchtig und misstrauisch war, sagte mir: »Ich weiß, dass es manchmal mit ihr durchgeht, vor allem diese ganzen Szenen und Eifersuchtsanfälle, aber wenn ich ehrlich bin, habe ich mich noch nie so geliebt gefühlt.« Eigentlich hätte er besser »so drangsaliert« sagen müssen, aber davon wollte mein Patient natürlich nichts hören.

Empathisches Misstrauen

»Du sollst mir dabei helfen, die Feinde auszumachen«

Dieses Muster ist eine Spielart des sozialen Isolationsgenossen, aber sehr viel stärker ausgeprägt. Wenn es sich dort noch um ähnliche, annähernd kongruente Ängste handelte, sind sie hier identisch und stimmen exakt miteinander überein: misstrauische Liebe von beiden Seiten. Vorsichtige Menschen oder solche mit paranoiden Zügen können sich zunächst von der Wachsamkeit und dem Argwohn anderer Paranoider angezogen fühlen, auch wenn es schlussendlich darauf hinausläuft, dass jeder jedem misstraut. Ihre Parole ist: »Jetzt sind wir schon zu zweit und können uns gegen eine Welt wappnen, die uns zu zerstören droht.«

»Meine Zwillingsseele!«, erklärte eine Frau voller Begeisterung darüber, einem Mann begegnet zu sein, der noch misstrauischer war als sie selbst. Vier Augen sehen mehr als zwei, das stimmt, und wenn auch noch die Herzen im Gleichtakt schlagen, wird die Beziehung unzerstörbar sein. Zwei Liebesstile, die durch große gemeinsame Ziele verbunden sind: Feinde entlarven, Fallen umgehen und dem Missbrauch vorbeugen. Gibt es etwas Identitätsstiftenderes als die gleichen Überlebensstrategien?

Stellen wir uns den folgenden Dialog in einer imaginären Beziehung vor, deren Verbindungsglied das empathische Misstrauen ist:

Er: Die Menschen sind schlecht...
Sie: Vielleicht nicht alle, aber man sollte niemandem trauen.
Er: Genau! Ich sehe, du bist auf meiner Seite!
Sie: Kann sein... Und auf welcher Seite bist du?
Er: Man muss höllisch aufpassen, auf der Hut sein, darf

sich auf niemanden verlassen ... Du brauchst ja bloß in die Zeitungen zu schauen, und schon weißt du, was los ist ...

Sie: Ja, da bin ich ganz deiner Meinung ... Ich bin sehr achtsam, deshalb trifft es mich nicht so leicht ...
Er: Geht mir genauso ...
Sie: Hast du jemanden, dem du vertraust?
Er: Meiner Mutter ... Manchmal ... Und du?
Sie: Meinem Vater ... So es denn möglich ist ...
Er: Vertraust du mir?
Sie: Ich hab dich doch gerade erst kennengelernt ...! Vertraust du mir etwa?
Er: Ich hab dich doch gerade erst kennengelernt!
Sie: Ich glaube nicht, dass ich je einem Mann vertrauen könnte ...
Er: Mir geht es bei den Frauen genauso ...
Sie: Da haben wir etwas gemeinsam ...
Er: Gehen wir morgen zusammen aus?
Sie: Sehr gern.

Die Kompatibilität äußerst argwöhnischer Charaktere sieht wohl so aus: engstes Zusammenleben unter höchster Alarmbereitschaft, Vorsicht bei aller Verführung, Orgasmen unter größter Wachsamkeit. Ich erinnere mich an ein befreundetes Paar mit solchen Eigenschaften, dessen Beziehung länger gehalten hatte als erwartet. Bei einem Besuch bei ihnen kam ich aus dem Staunen nicht heraus. Sobald das Telefon klingelte, irgendwo ein Geräusch zu hören war oder jemand an der Tür klopfte, gab es einen satellitenhaften Ortungsreflex: »Wer das wohl sein kann?«, fragten sie sich erkennbar besorgt. Zu weiteren unangenehmen Momenten kam es, wenn einer beim anderen nachhakte: »Was wolltest du denn damit sagen?«, »Warum fragst du?«, »Was hattest du denn im Sinn?«, »Warum hast du das nicht gleich gesagt?« und so weiter. Sie waren keine zwei »Einsamkeiten, [die] einander schützen, grenzen und grüßen«, wie Rilke sagte, sondern zwei Argwöhnische, die sich vierundzwanzig Stunden am Tag gegenseitig in Beschlag nahmen. Sie lebten zurückgezogen in ihren eigenen vier Wänden, gingen kaum aus und hatten fast keine Freunde (obwohl sie über jeden Schritt ihrer Nachbarn Bescheid wussten). Zum Glück waren sie kinderlos geblieben.

Ist eine gesunde Beziehung mit einem paranoiden Menschen möglich?

Jesus sagte zwar, man solle seinen Feind lieben, aber niemals hat er vorgeschlagen, man solle mit ihm zusammenleben oder ihn sich zum Partner wählen. Spirituelle oder emotionale Intelligenz – was auch immer es gewesen sein mochte, er hatte recht. In einer gesunden Liebesbeziehung müssen wir nicht jeden unserer Schritte vor dem anderen rechtfertigen, ständig Beweise für unsere moralische Redlichkeit liefern oder schwören, dass wir nicht Bestandteil einer terroristischen Vereinigung sind, wie es die misstrauische Liebe von einem verlangt.

Emotionale Überlebensstrategien

Wenn sie eine Beziehung zu einer Person mit paranoidem Liebesstil eingehen, greifen die meisten Menschen auf eines von zwei grundlegenden Verhaltensmustern zurück: Entweder sie liefern sich rückhaltlos und resigniert dem Dauerverhör des anderen aus, oder sie lehnen sich gegen die anklägerischen Schuldzuweisungen des Partners auf. Betrachten wir beide Varianten und ihre jeweiligen Konsequenzen.

Sich die Überwachung gefallen lassen und die geforderten »Rechtfertigungen« abgeben

Eine Patientin, die mit einem extrem misstrauischen Mann verheiratet war, beschrieb mir ihre Überlebenstaktik so: »Ich weiß, ich sollte stärker sein, aber die einzige Art, ein ›erträgliches Leben‹ mit ihm zu führen, besteht darin, ihm Gewissheit zu verschaffen und ihm zu zeigen, dass ich eine vertrauenswürdige Person bin.« Sie lebten bereits zwan-

Ist eine gesunde Beziehung mit einem paranoiden Menschen möglich?

zig Jahre zusammen, und immer noch musste sie Beweise für ihr Wohlverhalten erbringen. Menschen, die zu dieser Strategie greifen, leben in der Illusion, sie hätten die Situation damit unter Kontrolle, obwohl bei einer solchen Vorgehensweise allein das Misstrauen des Paranoiden geschürt wird und der andere täglich mehr an Autonomie einbüßt. Schauen wir uns ein paar Verhaltensweisen an, die bezeichnend für diese Haltung sind:

- Sämtliche Unternehmungen vermeiden, um keinen Anlass für Verdachtsmomente zu bieten
- Den Partner weder kritisieren noch im Geringsten hinterfragen, denn der Paranoide könnte darin die Keimzelle für einen Angriff auf seine persönliche Integrität sehen und feindselig und mit Rachegelüsten reagieren
- Jeglichem Streit und Diskussionen aus dem Weg gehen, da jedes Wort sich sofort in sein Gedächtnis einbrennt und als »Beweis« aus dem Hut gezaubert wird, sobald es ihm dienlich ist
- Klar und eindeutig reden und handeln, damit keinerlei »Missverständnisse« auftreten
- Um der Eifersucht vorzubeugen, am besten nur ein oder zwei Freundinnen oder Freunde haben (die der Paranoide akzeptiert), selten ausgehen, regelmäßig Bericht erstatten über das, was man tut, und seine Freiheit auf ein Mindestmaß beschränken
- Ständig Beweise für den Respekt und die Loyalität dem Partner gegenüber erbringen

- Jegliche Information liefern, die verlangt wird
- Die eigenen Ängste in den Griff bekommen, die sicherlich häufig auftauchen und durchaus schwerwiegend sein werden
- In sexuellen Belangen niemals die Initiative ergreifen, denn das könnte Anlass zu Verdächtigungen geben

Bist du imstande, unter der Überwachung und Beobachtung deines Partners zu leben, als wärst du potenziell ein treuloser Verräter? Die Ehe ist kein durch Liebe ratifizierter Hausarrest, und die Partnerschaft keine moralische Eignungsprüfung.

Den irrationalen Erwartungen nicht nachkommen und Ungehorsam walten lassen

Wenn du dich dem destruktiven Spiel der misstrauischen Liebe verweigerst, erklärst du dich zum Hauptgegner deines Partners. Entsprichst du seinen Erwartungen nicht, wird er oder sie das als unverzeihlichen Hochverrat ansehen, und hat er anfangs lediglich an dir *gezweifelt*, wird er nun immer neue *Beweise* für seine Verdächtigungen finden. Einen Paranoiker in seine Schranken zu verweisen, ist keine leichte Aufgabe, denn seine Angst wächst proportional zum Grad deiner Freiheit.

Ein paar Verhaltensweisen, die diese Haltung bestimmen, sind:

- Den paranoiden Partner dazu bringen, das natürliche Risiko jeder Beziehung einzugehen, denn ohne Vertrauen gibt es keine gesunde Beziehung
- Das Recht geltend machen, dass die Beziehung auf Gegenseitigkeit beruht und in Bezug auf die persönlichen Freiheiten ausgeglichen ist
- Groll in keiner Form hinnehmen, unter verkrusteten Ressentiments wird die Liebe erkalten
- Auf dem Recht bestehen, über die gemeinsamen Einkünfte Bescheid zu wissen, was der paranoide Mensch aus Angst vor »Heiratsschwindel« gern verweigert
- Klarstellen, dass jeglicher versuchte Gewaltakt oder unerwünschte Verfolgung den Behörden angezeigt und bestraft wird
- Die schlechte Angewohnheit ablegen, alles zu rechtfertigen und schon im Voraus langwierige Erklärungen für das eigene Verhalten abzugeben
- Sich nicht zum Komplizen paranoider Handlungen und Verhaltensweisen gegenüber anderen unschuldigen Menschen machen
- Fehler und Unstimmigkeiten im geeigneten Moment ansprechen
- Zur Bedingung machen, dass der Partner sich einer psychiatrischen oder psychologischen Behandlung unterzieht

Viele paranoide Verliebte können die Freiheit ihres Partners nicht ertragen und beenden die Beziehung lieber »aus

Gründen der persönlichen Sicherheit« (was man als gutes Ende bezeichnen könnte). Andere hingegen werden Gebrauch von ihrem Recht auf Selbstverteidigung machen und möglicherweise zu gewaltsamen Repressalien greifen, was der erwünschten reifen, friedlichen Verbindung nicht gerade zuträglich ist.

Du könntest deinen paranoiden Partner zu einem konstruktiven Gespräch auffordern und mit der Beendigung der Beziehung drohen, falls er sein Verhalten nicht ändert. Doch das käme der Beackerung der Wüste gleich, denn dein Entschluss, »gegebenenfalls auf ihn oder sie zu verzichten«, würde mit Sicherheit als moralischer Affront gewertet oder als untrüglicher Beweis dafür, dass da noch eine dritte Person im Spiel ist.

Bis wohin lässt sich verhandeln?

Wie anfangs gesagt: Die Grundannahme, von der eine paranoid-überwachende Person stets ausgeht, ist vernichtend, denn was du auch tust, alles wird gegen dich verwendet werden, und selbst wenn du kein »Serienbetrüger« und keine »zwanghafte Schwindlerin« bist, wirst du entweder direkt oder indirekt als solche/r behandelt werden. Da ist der Verhandlungsspielraum nicht sonderlich groß. Wie willst du eine gute Beziehung mit jemandem führen, der dir Untreue unterstellt und pausenlos deine ethisch-moralische Standhaftigkeit hinterfragt?

Ist eine gesunde Beziehung mit einem paranoiden Menschen möglich?

Menschen, die lange allein waren und endlich einen ernst zu nehmenden Partner gefunden haben, wissen, dass es eine der größten Befriedigungen ist, zu spüren, dass man von nun an zu zweit durchs Leben gehen wird. Die Vorstellung, dass es wohltuend und angenehm ist, einen Begleiter oder eine Begleiterin zu haben, scheint beim paranoiden Menschen so nicht zu existieren. Sein Tunnelblick hindert ihn daran, die Liebe und Freundschaft anzunehmen, die sein Partner ihm bietet. Es gibt für ihn keine Gefährten, nur potenzielle Angreifer.

Einigen Paranoikern ist es mit professioneller Unterstützung allerdings auch gelungen, ihr Verhalten zu ändern. Doch wirken sich diese Besserungen in der Regel nicht auf das Liebesleben aus, denn einem wesenhaften Urmisstrauen lässt sich nur schwerlich beikommen. Mangelndes Vertrauen macht eine gute Beziehung unmöglich. Wie man es auch anstellt: Ungerechtfertigtes, grundloses Misstrauen lässt den Beschuldigten nicht unberührt; irgendetwas zerbricht, wenn der Mensch, der behauptet dich zu lieben, deine Lauterkeit infrage stellt. Worüber also sollte man verhandeln? Es kommt auf dich selbst an: Wie sehr du liebst, welche Prinzipien und Werte du hast, wie du die Beziehung einordnest und vor allem wie viel Wert du auf zwischenmenschliches Vertrauen legst. Die Entscheidung liegt bei dir.

Paranoide Menschen rechtzeitig erkennen

Paranoiker können sich nur schwer verstellen. Da sie ständig der Annahme sind, ihr Leben stünde auf dem Spiel und sie seien von Raubtieren umgeben, lassen sie in ihrer Wachsamkeit nie nach. Noch dem kleinsten Detail widmen sie ihre Aufmerksamkeit, um die Vertrauenswürdigkeit des neuen Beziehungsanwärters oder der neuen Anwärterin zu prüfen. Es ist nicht allzu schwierig, sie zu erkennen.
Die folgenden Merkmale könnten dazu dienlich sein:

- Ein paranoider Mensch wird Erkundigungen nach seinem Privatleben ausweichen. Ganz normale Fragen, zum Beispiel danach, wie viele Partner oder Partnerinnen er schon gehabt hat, wo er wohnt, welchen Beruf er hat und solcherlei Dinge, werden ihn irritieren. Er wird fürchten, dass man diese Informationen gegen ihn verwendet.
- Womöglich wird er seine Getränkeflasche selbst öffnen wollen und das bestellte Essen genau in Augenschein nehmen.
- Er wird sich nicht auf Sex an einem unbekannten Ort einlassen, die Kondome genau unter die Lupe nehmen und versuchen, eine Beziehung in relativer Distanz zu halten, damit er nicht »auffliegt«.

- Er wird versuchen, allerhand über deine Vergangenheit in Erfahrung zu bringen und nach »verdächtigen Anzeichen« Ausschau halten.
- Er wird scharf beobachten, wie du dich gegenüber dem anderen Geschlecht verhältst (Flirts, Blicke, Andeutungen), um herauszufinden, ob du treu bist oder nicht. Einer meiner Patienten ging kein zweites Mal mit einer Frau aus, weil sie sich – seiner Meinung nach – kurz nach einem gut aussehenden Mann umgeschaut hatte, der das Restaurant betrat, in dem sie speisten.
- Er wird die Rechnung mehrfach überprüfen und keinen Alkohol trinken, damit er die Kontrolle nicht verliert und ihm nichts entgeht.
- Er wird seine ökonomischen und beruflichen Erfolge kleinreden, um sicherzustellen, dass du nicht auf sein Vermögen aus bist.
- Es braucht dich nicht zu wundern, wenn er nach den ersten Treffen bereits Erklärungen für dein Zuspätkommen verlangt und/oder fehlende Informationen einfordert. Eifersucht und Kontrolle werden nicht lang auf sich warten lassen.
- Er wird eine Menge »Warums« in petto haben, um herauszufinden, aus welchen Beweggründen du handelst.
- Du wirst dich in der Regel fühlen wie bei einem KGB-Verhör. Am Ende wirst du vor allem eine große Leere verspüren und das unangenehme Gefühl, mehr gegeben als empfangen zu haben.

Ratschläge für paranoid veranlagte Menschen

Womöglich gehst du recht in der Annahme, wir lebten in einer gefährlichen Welt und müssten auf der Hut sein. Aber ich halte es für übertrieben, die Welt als »ganz und gar kannibalisch« zu betrachten, denn es gibt auch gute Menschen. Es wäre ein großer Schritt, wenn du Verständnis für die Meinung anderer aufbringen und ohne allzu viele Vorbehalte auf sie zugehen könntest. Ich sage gar nicht, dass du deine Wachsamkeit völlig aufgeben musst, jedenfalls nicht gleich am Anfang. Gib den anderen einfach nur eine Chance. Du befindest dich in einem Teufelskreis, der folgendermaßen funktioniert: Sobald du jemandem gegenüber Feindseligkeit ausstrahlst, weil du vermutest, er könnte dich schlecht behandeln, wird sich die betreffende Person durch aggressives Auftreten gegen deine Feindseligkeit wappnen – und damit dein Vorurteil bestätigen. Die innere Gewissheit, auf der dein Misstrauen beruht, wird so von Mal zu Mal bekräftigt. Mein Vorschlag wäre, deine Vorsichtsmaßnahmen einmal zu hinterfragen und zu schauen, ob die Menschen tatsächlich so schlecht sind, wie du annimmst. Noch einmal: Das Leben ist kein Schlachtfeld, überprüfe deine Hypothese.
Ähnliches geschieht beim Thema Untreue: Durch ihre Verfolgungsstrategien drängen misstrauische Personen ihre Partner regelrecht in die Arme eines anderen, der sorg-

samer und respektvoller mit ihnen umgeht. Du kannst nicht davon ausgehen, dass der Mensch, den du liebst, dir stets treu ist, nur weil du ihm einen Leibwächter auf den Hals hetzt oder ihn unbeobachtet nicht einmal um die nächste Ecke gehen lässt. Geh das Risiko ein, denn ist es nicht besser zu wissen, mit wem du es zu tun hast? Treue ist eine Frage der Entscheidung, des Willens und offensichtlich auch der Selbstbeherrschung. Ich frage dich offen heraus: Wenn du wirklich glaubst, du könntest deinem Partner nicht trauen, warum lässt du sie oder ihn dann nicht in Frieden und gehst deiner Wege?

Hat es in deiner Vergangenheit womöglich Menschen gegeben, Fremde oder Familienangehörige, die dich der Lächerlichkeit ausgesetzt, dich in irgendeiner Weise missbraucht oder misshandelt haben? Erfahrungen wie Scham, mangelnder familiärer Rückhalt oder Eltern, die deine Schwäche ausgenutzt haben, können deine Neigung verursacht haben, stets in Alarmbereitschaft zu sein und Gott und der Welt zu misstrauen. Wenn durch Misshandlung und häufige Demütigungen deine körperlichen, sexuellen oder psychischen Grenzen überschritten worden sind, hat sich dein Geist zum Selbstschutz in einen Zustand der übermäßigen Wachsamkeit versetzt. Diese Wachsamkeit ist dir bis heute zu eigen und hält dich gefühlsmäßig von deinem Partner und deiner Familie fern. Du fürchtest dich vor den Menschen, du glaubst, sie werden dich wieder quälen, und dagegen hast du einen Verteidigungsapparat errichtet. Du empfindest dich als schwach. All das ist schlimm und kann dein Verhalten vielleicht zum Teil erklären. Ich sage »zum Teil«, denn laut Auskünften von Fachleuten könnten auch erbliche und biologische Faktoren zur Ausprägung deiner Persönlichkeitsstruktur beigetragen haben. Mein Vorschlag wäre, dir Hilfe zu suchen, unabhängig von der Stärke deiner Symptome. Du wirst sicherlich von den neuesten Entwicklungen der Technik profitieren. Was ich sage, hat weder mit der sogenannten »Gehirnwäsche« zu tun noch mit dem Einpflanzen irgendeines Steuerungschips in deinen Schädel. Ich spreche von einer wirksamen und vernünftigen Therapieform, die dich – friedlich und freundschaftlich gesinnt – wieder am gesellschaftlichen Leben teilhaben lässt.

Ob es dir passt oder nicht, du wirst dich einem dir wohlgesinnten Menschen ausliefern müssen, um dich selbst zu verwirklichen. Du musst dich jemand Fremdem anvertrauen können, um richtig Mensch zu sein. Und damit meine ich nicht, du solltest naiv, blauäugig oder leichtgläubig durch die Welt laufen, sondern unterscheiden lernen, wem du vertrauen kannst und wem nicht. Niemand verlangt von dir, an »die Menschheit« als Abstraktum zu glauben. Konzentriere dich einfach auf die Leute, die du gut kennst, und lass dich davon leiten, dass sie dir schon monate- und jahrelang vertraut sind. Wenn der Mensch, den du liebst, dir niemals wehgetan hat, obwohl er es hätte tun können, warum solltest du dich dann nicht auf ihn verlassen? Warum solltest du nicht das Risiko eingehen und in Kauf nehmen, was schlimmstenfalls passieren kann? Um Liebe geben und empfangen zu können, brauchst du nicht bis an die Zähne bewaffnet zu sein. Der Schriftsteller Rudyard Kipling, mit einem klugen Pragmatismus ausgestattet, sagte einmal: »Ich ziehe es stets vor, von jedem Menschen das Beste anzunehmen – das erspart viel Verdruss.«

3 Die subversive Liebe
Der passiv-aggressive Stil

In der Liebe kommt es zu dem Paradoxon,
dass zwei Wesen eins werden und
trotzdem zwei bleiben.
Erich Fromm

Die subversive Liebe

Mich hat schon immer interessiert, wie Mahatma Gandhi wohl in der Rolle des Ehemanns war, denn wenn er in seiner Ehe denselben sozialen Ungehorsam angewandt hat, mit dem er die Briten besiegte (immerhin, keinen Geringeren als die Briten!), dann ist seine Gemahlin noch im Nachhinein herzlich zu bedauern. Mit einem passiv-aggressiven Menschen zusammenzuleben ist ziviler Ungehorsam im eigenen Haus: Sabotageakte, gewaltfreier Widerstand, eine Gemächlichkeit, die einen in den Wahnsinn treibt, uneingelöste Versprechen und maßlose Trägheit, alles auf einmal und völlig unberechenbar. Eine ambivalente Liebe, kränkend und konfliktreich: weder eng noch distanziert, mit halber Kraft, unentschieden, zögerlich, verschlafen. Eine Liebe, die lästig ist und von der man doch abhängig ist.

Mónica, verheiratet mit einem passiv-aggressiven Mann, steht kurz vor der Verzweiflung. Sie lebt in einem halbfertigen Haus, das ihr Ehemann als sein eigener Ingenieur und Bauherr niemals fertiggestellt hat. Seit drei Jahren verspricht er wieder und wieder, die Bauarbeiten abzuschließen, doch alles bleibt beim Alten. Bäder ohne Waschbecken, eine Küche ohne Armaturen, freiliegende Rohre und Kabel. Für Mónica ein schlichter Albtraum, da ihr Mann keinen Finger rührt, um den Ort auch nur im Geringsten wohnlicher zu gestalten. Er behauptet, Mónica sei dominant und rechthaberisch, und er täte die Dinge nicht gern auf Befehl. Er besteht auf seinem eigenen Arbeitsrhythmus, den Mónica zu akzeptieren habe. In den letzten fünf

Jahren hat er siebzehnmal die Stelle gewechselt und als Grund dafür mangelnde Wertschätzung seitens der Vorgesetzten angegeben.

Mónicas unterschiedlichste Bemühungen, ihm zu helfen, blieben ohne Erfolg. In einer Sitzung umschrieb sie ihr Beziehungsproblem mit den folgenden Worten: »Er macht mich ganz kirre... Manchmal ist er liebevoll und zärtlich, dann wieder kann ich ihm seine Ablehnung vom Gesicht ablesen, und er lässt mich links liegen... Er weiß nicht, wie er mit mir umgehen soll, und ich nicht wie mit ihm... Einmal hat er gesagt, wenn ich weniger autoritär wäre, würde er besser funktionieren... Ich hab's versucht: Ich habe nichts gesagt, nichts von ihm verlangt, aber es ist nur noch schlimmer geworden... Unser Sexualleben liegt brach, er leidet unter Impotenz... Es mag seltsam klingen, aber ich glaube, er freut sich sogar irgendwie, wenn er keine Erektion hat... Als wollte er mich absichtlich auf die Palme bringen und abstrafen... Letzte Woche hat er die Stromrechnung nicht bezahlt, und sie haben uns das Licht abgestellt. Als ich ihn gefragt habe, was passiert sei, hat er seelenruhig behauptet, er hätte keine Zeit gehabt... Es ist unerträglich mit jemandem zusammenzuleben, der so unzuverlässig und unsensibel ist und dem man einfach nicht vertrauen kann...! Ich habe schon überlegt, ihn zu verlassen, aber als ich mit ihm darüber gesprochen habe, hat er geweint wie ein Kind, um Verzeihung gebeten – eine Woche lang war alles gut, doch dann ging es wieder von vorne los...«

Wie soll man ein solches Hin und Her und diese versteckte Aggressivität überstehen? Für seelische Folter gibt es keine Rechtfertigung. Mónicas Ehemann spielt gleichzeitig zwei verschiedene Rollen: den Abhängigen und den Widerspenstigen. Bleibt die Frage: Lässt sich überhaupt eine friedliche Partnerschaft mit jemandem führen, der einen braucht und gleichzeitig ablehnt?
Der Autoritätskonflikt, ob nun real vorhanden oder rein subjektiv erlebt, ist ein Hauptmerkmal für die subversive Liebe. Eine Patientin mit passiv-aggressiven Merkmalen lehnte sich aus Prinzip gegen ihre Mutter auf, die sie als herrschsüchtig wahrnahm. Für den Tag, als meine Patientin nach elf Jahren Studium ihren medizinischen Abschluss machte, war zur Feier des Anlasses ein großes Familienfest anberaumt. Es geschah allerdings etwas Unvorhergesehenes. Als der erste Gast kam, sprang die Hauptperson fluchtartig aus dem Fenster, um die Nacht im Park mit Biertrinken zu verbringen. Die Polizei fand sie am nächsten Morgen schlafend unter einem Baum. Nach dem Grund für einen derartigen Affront befragt, antwortete sie bloß: »Ich verstehe überhaupt nicht, warum ihr so ein Theater macht, bloß weil ich Lust auf ein paar Bierchen hatte.«
Das sich entziehende, vermeidende und gleichzeitig provozierende Verhalten passiv-aggressiver Menschen lässt die Liebe zusehends zu einer irritierenden und frustrierenden Erfahrung werden. Da kannst du noch so viel lieben – die passiv-aggressive Person wird die Beziehung unterwandern und doch nicht auf sie verzichten können.

Die unerträgliche Gelassenheit des geliebten Wesens

Es ist eine Sache, gelassen zu sein, sich nicht von plötzlichen Impulsen oder Ängsten leiten zu lassen und sich in Einklang mit sich selbst zu befinden. Etwas anderes jedoch ist es, seine Lethargie und Teilnahmslosigkeit zur Lebensart zu erheben. Ein Chirurg, der »in aller Ruhe« operiert, ist sorgfältig, aber ein »seelenruhiger« Feuerwehrmann ist eine öffentliche Gefahr. Um in der heutigen Welt zurande zu kommen, ist zwangsläufig ein Mindestmaß an Engagement vonnöten. Zu viel Ruhe stresst (das ist das Paradoxe), solange wir es nicht mit dem echten Seelenfrieden eines buddhistischen Lamas oder sonstigen Weisen zu tun haben. Bei passiv-aggressiven Menschen handelt es sich jedoch um etwas anderes. Eine Frau, die zehn Jahre friedlich mit einem Mann mit subversivem Beziehungsstil verheiratet war, sagte mir eines Tages in einem Anfall von Verzweiflung: »Ich habe Lust, ihn zu schlagen, Doktor, lassen Sie mich, gestatten Sie's mir, sagen Sie, es sei Teil der Therapie, ich möchte ihm wirklich Saures geben!« Gewisse Formen der Gelassenheit, vor allem solche, die als »Kampf-« oder Racheinstrument eingesetzt werden, sind besonders schmerzhaft und fördern Aggressionen maßgeblich. Wer eine Partnerin, einen Partner, Freundin oder Freund, Liebhaberin oder Liebhaber, Ehefrau oder Ehemann hat, die oder der in Zeitlupe und gegen den Uhrzeigersinn funktioniert, weiß, wovon ich rede.

Die emotionale Grundannahme des passiv-aggressiven Stils tritt in drei besonders schmerzhaften und inakzeptablen Verhaltensweisen zutage, die sich folgendermaßen umreißen lassen: »Deine emotionale Nähe engt mich ein, deine Entfernung verunsichert mich« (zwischenmenschliche Ambivalenz), »Ich muss mich gegen deine Liebe wehren, will dich aber nicht verlieren« (emotionale Sabotage) und »Obwohl wir uns lieben, wird alles nur noch schlimmer« (ansteckender Pessimismus).

Zwischenmenschliche Ambivalenz

»Deine emotionale Nähe engt mich ein, deine Entfernung verunsichert mich«

Es war einmal ein sehr hungriger Esel, der seit Tagen nichts zu sich genommen hatte. Jemand, der Mitleid mit dem armen Tier hatte, brachte ihm ein Bündel Heu und ein ebenso verführerisches Bündel Klee. Er legte sie rechts und links vom Tier nieder und zog sich zurück, damit das Tier sich in Ruhe an sein Festessen machen konnte. Kurz darauf kehrte er mit zwei frischen Bündeln zurück, und es erwartete ihn eine große Überraschung: Das Heu wie der Klee waren unangetastet, und zwischen ihnen lag leblos der Esel. Er war hungers gestorben, weil er sich nicht entscheiden konnte! Diese Geschichte veranschaulicht eine der häufigsten Reaktionen auf ein unüberwindliches Dilemma: die Erstarrung.

Passiv-aggressiv ausgerichtete Menschen sind mit einer beängstigenden zwischenmenschlichen Ambivalenz geschlagen: Sie brauchen eine Autoritätsperson, die sie beschützt (den Partner), da sie sich selbst als schwach und unterstützungsbedürftig empfinden, doch gleichzeitig müssen sie sich frei und unabhängig von jeder Art von »Kontrolle« (vom Partner) fühlen können. Die Liebe wird für sie zu einem zweigleisigen Problem: Gewährst du mir Zuwendung, ist das schlecht (»du erstickst mich«), gewährst du mir keine, auch (»ich ertrag die Einsamkeit nicht«). Nicht mit dir und nicht ohne dich. Im schlimmsten Fall ist das unablässige Spiel der Annäherung und Distanzierung vom Partner launenabhängig. Wie kann man so lieben, ohne dabei den Verstand zu verlieren?

Wenn du jemand bist, der sich nach dem inneren Kompass seines passiv-aggressiven Partners ausrichtet und versucht, ihn zufriedenzustellen, dann mach dir nichts vor: Du kannst bei seinem Rhythmus nicht mithalten. Eine Patientin, die sich von diesem Joch befreit hatte, sagte: »Nach allem, was ich unternommen hatte, um ihm zu gefallen, ohne ihn jemals zufriedenstellen zu können, beschlich mich letztendlich das Gefühl, ich sei diejenige, die ein Problem hat... Immer wieder fragte ich mich: Was mache ich falsch? Warum gelingt es mir nicht, diesen Mann glücklich zu machen? Bis ich verstanden habe, dass ihm niemand das geben kann, was er sucht, absolut niemand... Er hätte jemanden mit einer doppelten Persönlichkeit gebraucht, und ich hab mir mit Ach und Krach eine einzige bewahrt...«

Jeder von uns hat einen Partner verdient, der – ohne ein Musterbeispiel an Tugendhaftigkeit sein zu müssen – klar weiß, ob er uns liebt oder nicht, und der Hingabe und Eigenständigkeit im Gleichgewicht halten kann.

Emotionale Sabotage
»Ich muss mich gegen deine Liebe wehren, will dich aber nicht verlieren«

Welche Strategie wendet der passiv-aggressive Mensch also an, um den oben genannten Konflikt zu lösen? Er bleibt auf der Hälfte des Weges stehen und beruft sich auf das Gesetz der geringsten Anstrengung. Genauer gesagt besteht die Taktik darin, sich unter Vermeidung jeglicher Verpflichtungen oder Unannehmlichkeiten die Vorteile des Paarlebens – nämlich Sicherheit und Schutz – zunutze zu machen. Den anderen notgedrungen hinzunehmen und gleichzeitig keine Gelegenheit auszulassen, ihm das vorzuhalten. Daraus resultieren widersprüchliche Verhaltensweisen, Sabotage und Widerstand: »Ich akzeptiere dich *halbwegs*, weil ich dich nicht *ganz* verlieren will.«

Passiv-aggressiver Protest ist nicht harmlos, er ist eine quälende, schmerzhafte Angelegenheit für jeden, der ihm ausgesetzt ist. Die Liebe wird als notwendiges Übel erachtet, das man zwar torpedieren, aber nicht auslöschen darf. Vergesslichkeit, Unpünktlichkeit, Schlampigkeit und so weiter kommen einer Art emotionalem, psychologischem Terrorismus gleich, der sich zum Ziel gesetzt hat, die bestehende Ordnung zu zerstören. Die unhaltbare Grundannahme: Die Liebe ist eine Zwangsveranstaltung und muss deshalb untergraben werden.

Der Sabotageakt wird meist von Ausreden und einem hohen Maß an Zynismus begleitet, der seine Opfer zunehmend zermürbt. Ein Patient, der mit einer passiv-aggressiven Frau verheiratet war, beschrieb seine sexuelle Beziehung zu ihr so: »Sie bleibt stumm wie eine Tote, kaum dass sie mich einmal küsst... Ich muss jedes Mal die Initiative ergreifen, sie ausziehen und mir etwas einfallen lassen, um sie in Wallung zu bringen, fast nie reagiert sie auf das, was ich tue... Meistens endet es so, dass ich masturbiere und sie sich damit begnügt, mir dabei zuzuschauen... Wenn ich sie darum bitte, mir zu helfen, nennt sie mich sexsüchtig und küsst mich voller Abscheu... Einmal hat sie sich doch tatsächlich während des Aktes eine Zigarette angezündet und zu rauchen begonnen, stellen Sie sich das mal vor! Sie hat eingewilligt, mit mir zum Sexualtherapeuten zu gehen, aber von drei Terminen ist sie nur zu einem erschienen, und zwar eine halbe Stunde zu spät... Ach, Doktor, keine Ahnung, ob es nun Zynismus oder einfach nur Dummheit war, aber nachdem ich ejakuliert hatte, hat sie mich wirklich gefragt: ›Hat es dir gefallen?‹.«

Seelisch-emotionaler Widerstand führt in einen Teufelskreis, in dem sich die Grundannahme des passiv-aggressiven Menschen immer weiter verfestigt. Hier ein Beispiel für einen solchen Selbstläufer:

- Der Vater soll die Kinder zu einem bestimmten Zeitpunkt von der Schule abholen, und er tut es nicht. Die Schule ruft bei der Mutter an, und die beeilt sich, sie abzuholen. Als der Mann später nach Hause kommt, beschuldigt und beschimpft sie ihn, »seine Kinder im Stich gelassen zu haben«. Er antwortet, ganz so schlimm sei es ja wohl nicht gewesen, was die Frau noch mehr auf die Palme bringt. Der Mann hält ihr ihre despotische und nachtragende Art vor. Sie bittet um eine Erklärung für seine »Vergesslichkeit«, aber er bricht das Gespräch ab. Die Frau versucht sich zu beruhigen, bezähmt ihre Angriffswut und bittet ihn, mit ihr zu reden. Er verlässt wortlos das Haus und kehrt erst im Morgengrauen wieder. Sie verlangt eine Erklärung dafür, und er hält ihr vor, sie sei genauso fordernd wie seine Mutter. Um es kurz zu fassen: Am Ende findet er die Grundannahme für seinen passiven Widerstand bestätigt: »Meine Frau ist ein Kontrollfreak und will mich unter ihre Fuchtel bringen«, während der Frau Stück für Stück ihre Liebe abhanden kommt.

Zugegeben, passiv-aggressives Verhalten kann in bestimmten dominant-unterwürfigen Beziehungen angebracht sein, indem man einen gewissen Streitpunkt zur Schonung der eigenen Integrität oder zur Vermeidung von Sanktionen auf sich beruhen lässt. So ist beispielsweise im Militär passiv-aggressives Verhalten von Rekruten gegenüber repressiven, harten Vorgesetzten durchaus an der Tagesordnung, und auch manch ein Schüler macht Gebrauch vom schulischen Ungehorsam gegenüber besonders autoritären oder rechthaberischen Lehrern. Solange der Partner aber nicht gerade Mitglied einer paramilitärischen Vereinigung ist, ist der offene Dialog sicherlich die beste Alternative.

Ansteckender Pessimismus
»Obwohl wir uns lieben, wird alles nur noch schlimmer«

Eine der unerträglichsten Eigenschaften passiv-aggressiver Menschen ist womöglich ihre Fähigkeit, eine gute Sache schlechtzumachen und damit einen ansteckenden Pessimismus zu verbreiten. Wie die Unglücksraben leben sie in ihrem permanenten imaginären Horrorkabinett. Ihre Faustregel ist: »Das Schlimmste kommt noch.« Folgendes berichtete mir ein Mann über seine stur pessimistische Partnerin: »Wir können am schönsten Ort der Welt sein, an einem fabelhaften Tag, inmitten traumhafter Landschaft, und sie wird doch etwas daran auszusetzen finden. Als wolle sie mir die guten Momente vergällen. Seit Neuestem kramt sie gern unsere alten Streitereien hervor... Mit mathematischer Präzision bringt sie immer dann eine längst vergessene, alte Auseinandersetzung aufs Tapet, wenn gerade eine zärtliche Stimmung aufkommen will.« Passiv-aggressive Typen besitzen die Gabe, andere zu entmutigen und zur vollkommenen Verzweiflung zu bringen. Gibt es Wege, den pessimistischen Trott des Passiv-Aggressiven unbeschadet zu überstehen? Ich kenne drei: eine autistische Phase einläuten, zum Buddha werden oder schreiend davonrennen.

Einmal fragte ich eine Frau bei der ersten Sitzung, was ihrer Meinung nach der Grund für ihre Depression sei. Ihre Antwort war: »Mein Mann hat mich davon überzeugt, dass das Leben Scheiße ist...« Ihr Partner war ein passiv-aggressiver Typ, der ihr seit fünfzehn Jahren seine tägliche Dosis an Gift einträufelte. Meine Arbeit mit der Frau bestand darin, ihr psychologische Unterstützung anzubieten, um sie von den Auswirkungen der pessimistischen Schräglage ihres Mannes zu befreien, und sie wieder ins Gleichgewicht zu bringen. Ein Jahr später trennte sie sich von ihm, und obwohl sie bislang keinen neuen Partner hat, konnte sie ihre Depression glücklicherweise hinter sich lassen. Die passiv-aggressive Persönlichkeit steht immer auf der Seite des Unglücks und betrachtet jegliche optimistische Regung des anderen als militante Maßnahme, die niedergeschlagen werden muss.

Die subversive Liebe

Passiv-aggressive Beziehungen – die Gründe
Der Engel der Unreife

Manche Menschen fühlen sich vom passiv-aggressiven Stil angezogen. Und nicht etwa dank einer masochistischen Verliebtheit oder weil ihnen ihr Unbewusstes einen perversen Streich spielt, sondern weil gewisse kompensatorische Muster in ihnen auf den Ausgleich vergangener ungelöster Probleme drängen. Häufig kommt diese hochgefährliche Verbindung vor zwischen zwei typischen Abarten des passiv-aggressiven Stils (Labilität/Unsicherheit und Gelassenheit/Nachlässigkeit) und zwei der üblichen Verhaltensmuster möglicher Opfer (verliebter Beschützerinstinkt und Teilnahmslosigkeit/Bequemlichkeit). Solche dysfunktionalen Beziehungen können sich auf folgende Art manifestieren:

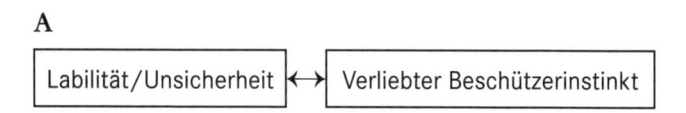

A

| Labilität/Unsicherheit | ←→ | Verliebter Beschützerinstinkt |

Auf eine Persönlichkeit mit ausgeprägtem Beschützerinstinkt und starkem mütterlichen oder väterlichen Impuls wirken die Labilität des passiv-aggressiven Menschen und seine Bereitschaft, sich umsorgen zu lassen und beschützt zu werden, besonders attraktiv.

B

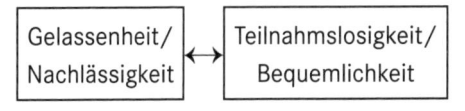

| Gelassenheit/ Nachlässigkeit | ←→ | Teilnahmslosigkeit/ Bequemlichkeit |

Für einen Faulpelz, der mit der Verantwortung für eine Beziehung nicht besonders gut zurechtkommt, ist die gelassen nachlässige Eigenart einer passiv-aggressiven Persönlichkeit ein absolut glücklicher Umstand.

Es lassen sich also zwei Hauptschemata ausmachen, die Menschen dazu verführen, in die passiv-aggressive Falle zu tappen: Eine Art verliebter Beschützerinstinkt und Teilnahmslosigkeit/Bequemlichkeit. Wenn man unter einer dieser dysfunktionalen Schwachstellen leidet, hält man besser die Alarmstufe rot aufrecht, denn die subversive Liebe wird auf fruchtbaren Boden fallen und dort ganz leicht Wurzeln schlagen: »Ich brauche es, gebraucht zu werden« (verliebter Beschützerinstinkt) und »Ich möchte in Ruhe gelassen werden, damit ich tun kann, was ich will« (Teilnahmslosigkeit/Bequemlichkeit).

Die subversive Liebe

Verliebter Beschützerinstinkt

»Ich brauche es, gebraucht zu werden«

Dieser Personentyp funktioniert instinktiv und dauerhaft zwei Überzeugungen gemäß: »Zärtlichkeit ist aufregend« und »Schwäche ruft Zärtlichkeit in mir hervor«. Die Schlussfolgerung ist eindeutig kontraproduktiv: »Die Schwäche des anderen wirkt anziehend und verführerisch auf mich.« Ich rede hier nicht von gesunden Liebesbeweisen, sondern von der Neigung, sich in einen chronischen Betreuer zu verwandeln. Passiv-aggressive Menschen legen jene ungeschützte, verteidigungslose Seite an den Tag, die die »Papas« und »Mamas« umgehend zu Tränen rührt. Ein Patient von mir, selbst Arzt, beschrieb den ersten Eindruck bei der Begegnung mit seiner späteren Frau folgendermaßen: »Bei unserem ersten Treffen spürte ich den ununterdrückbaren Impuls, sie zu retten ... Er bestätigte sich, als ich sie näher kennenlernte ... Bereits nach einem Monat kümmerte ich mich um ihre sämtlichen Probleme und nahm ihr Leben in die Hand, was ein kaum zu bewältigender Haufen von Dingen war. Ich sah mich mit der beglückenden Pflicht betraut, zu Ende zu bringen, was sie nicht geschafft hatte, und zu verbessern, was sie schlecht gemacht hatte ... Ich nahm sie auf eine gewisse andere Art in Besitz ... Heute hat sich das alles für mich in einen Albtraum verwandelt, als hätte ich eine Tochter adoptiert ... Je hilfreicher ich ihr beistehe, desto mehr Probleme tauchen auf, und offen gesagt bin ich vollkommen erschöpft ... Ich erinnere mich an einen Film, den ich vor langer Zeit gesehen habe, von einem vielköpfigen Monster, dem sofort neue Köpfe wuchsen, sobald man ihm einen abgeschnitten hatte...«

Dieses Bild vom Ungeheuer, das nach seiner Vernichtung mit neuer Kraft aufersteht, eine Art psychologischer Terminator, beschreibt sehr treffend das unangenehme Gefühl, das Partner von passiv-aggressiven Typen häufig befällt. Die Frau meines Patienten war bei einer wichtigen Firma auf dem Finanzsektor beschäftigt, sobald sie aber mit ihrem Ehemann allein war, verfiel sie in einen unerträglichen Zustand chronischer Nichtsnutzigkeit... War der Mann das Opfer seiner eigenen Erfindung? Nur teilweise, denn die Veranlagung dazu besaß sie bereits. Mein Patient hatte den Apparat nur angeworfen und in Bewegung gebracht.

Wenn du einen solchen emotionalen Beschützerinstinkt hast, arbeite besser daran. Weder brauchst du einen Partner, der die Rolle eines Sohnes oder einer Tochter annimmt, noch musst du mit jemandem zusammen sein, nur weil er oder sie schwach ist. Und außerdem, jetzt einmal pragmatisch gesehen: Warum solltest du jemanden lieben, der nicht ohne dich auskommt, dich aber quält? Hinter Menschen mit Beschützerinstinkt verbirgt sich oft ein überproportionales Verantwortungs- und Schuldgefühl. Wenn du diese Art und Weise der Beziehung zu anderen nicht ablegst, werden passiv-aggressive Menschen stets eine schwer beherrschbare Anziehungskraft auf dich ausüben: Du wirst von fremder Schwäche abhängig sein. Ein Beschützerinstinkt aus Liebe kann schnell in die Koabhängigkeit führen, bei der Liebe mit Hilfsbereitschaft um jeden Preis verwechselt wird. Wenn schon Koabhängigkeit an sich einem das Leben versauert, wie mag es dann erst sein, wenn man von einem passiv-aggressiven Menschen koabhängig ist: »Ich muss dich nicht nur umsorgen, sondern dich auch noch davon überzeugen, dass du es mich tun lässt!« Kann es etwas Dümmeres geben?

Teilnahmslosigkeit/Bequemlichkeit
»Ich brauche meine Ruhe, damit ich tun kann, was ich will«

Die teilnahmslos-bequeme Liebe ist durch eine gewisse Trägheit gegenüber dem Partner und eine minimale Opferbereitschaft gekennzeichnet. Sie beruht auf der irrationalen Annahme, dass es in emotionalen Beziehungen keinerlei, in anderen Fällen nur geringer Verbindlichkeit bedarf. Die kindliche und bequeme Forderung ist: »Ich möchte eine Beziehung, für die ich mich nicht anzustrengen brauche und in der es keine Komplikationen gibt.«
In der Eroberungsphase können die »Verteidigung der Unabhängigkeit« und der Konformismus der Passiv-Aggressiven große Anziehungskraft auf jemanden mit dem teilnahmslos-bequemen Verhaltensmuster ausüben (vor allem, weil sich ihre Motive ähneln). Und dennoch wird

der passiv-aggressive Mensch mit der Zeit nach besonderem Schutz und Fürsorge verlangen, was den anfänglichen Zauber des »Geschehenlassens« (der die Liebesbeziehung zunächst in Gang gebracht und aufrechterhalten hat) wie von Geisterhand verschwinden lässt. Vom Prinzen zum Frosch: eine Entzauberung mit faulem Nachgeschmack.
Ein Jugendlicher, der sich vom Joch der Welt und des Elternhauses befreien wollte, sprach mit mir über seine neueste Eroberung: »Diese Frau ist wie für mich geschaffen, sie ist frech und schert sich um gar nichts... Wir haben eine großartige Zeit zusammen, alles ist ihr schnuppe, und von niemandem lässt sie sich was sagen... Sie ist genau wie ich, sie tut bloß, was sie tun will... Ich mag ihre Unabhängigkeit, auch wenn sie Probleme mit ihren Eltern wegen der Schule hat, gibt sie ihnen immer Kontra... Wir haben viel gemeinsam und kommen gut miteinander aus...«
Flüchtiger Geist, flüchtiges Leben, flüchtige Liebe, wie der Soziologe Zygmunt Bauman sagen würde. Innerhalb kürzester Zeit löst alles sich in Luft auf, sofern die Liebe nicht auf einigen festen Grundpfeilern ruht. Welche das sind? Eine bedachtsame und ausgeglichene Hingabebereitschaft, die den anderen zwanglos einbezieht und auf Brandsätze verzichtet.

Ist eine gesunde Beziehung mit einem Passiv-Aggressiven möglich?

Das Zusammenleben mit einem passiv-aggressiven Menschen erfordert viel Geduld und Ausdauer, denn die natürliche Reaktion subversiv Liebender auf eine Beziehung ist Wut, ein Ohnmachtsgefühl und die Angst vor Kontrollverlust. Du musst lernen, dich zwischen den Polen eines ungelösten Zwiespalts zu bewegen und dich auf eine »ferne Nähe« und einen »engen Abstand« einstellen können. Das Schlüsselwort hierbei ist »Unverbindlichkeit«. An einem Tag wird dein Partner dir nah sein und sich nach Unabhängigkeit sehnen, an einem anderen wird er Distanz demonstrieren und nach Sicherheit durch dich verlangen. Mal wirst du das Gefühl haben, dass er dich braucht, dann wieder, dass er dich ablehnt. Manchmal wird er sagen, du hegst zu hohe Erwartungen, forderst zu viel, mischst dich zu stark ein, kontrollierst ihn und willst ihn beherrschen, dann wieder schätzt er dich für deinen Langmut, deine Bestätigung und Fürsorge. Frei und unfrei, abhängig und unabhängig: Wie kann man ein solches Auf und Ab ertragen und trotzdem lieben?

Emotionale Überlebensstrategien

Um mit einer solchen Lage umzugehen, greifen die Leute vor allem auf zwei Strategien zurück: Entweder sie werden zu nachgiebigen Pflegenden und adoptieren den anderen oder sie lösen eine Gegenrevolution aus. Die erste Strategie ist offen masochistisch (oder von irgendeinem spirituellen Auftrag inspiriert), die zweite läuft auf Krieg hinaus: Aufstand und Niederschlagung der Meuterei. Schauen wir uns die beiden Varianten und ihre Folgen einmal genauer an.

Den passiv-aggressiven Menschen »adoptieren« und seine emotionale Ambivalenz ertragen

Um diese Strategie zu verfolgen, muss man die Beziehung beinahe als Noviziat oder als pseudoreligiöse Charakterübung betrachten: Man nimmt den Partner an und widmet sein Leben ganz der Aufgabe, ihm zu Gefallen zu sein – wohl wissend, dass er niemals zufrieden sein wird. Ein solches Ziel kann nur durch radikalen Altruismus erreicht werden: indem ich auf mein eigenes Glück verzichte und nach dem Glück des anderen strebe (was immer er auch tun oder sagen mag). Die häufigsten Verhaltensweisen dieser Haltung sind:

- Den Passiv-Aggressiven so zu akzeptieren, wie er ist, und zwar ohne Veränderungsversuche, denn bei jedem

Versuch wird der Widerstand dagegen reziprok anwachsen
- Sich nach Möglichkeit nur auf das Positive konzentrieren und das Schlechte ausblenden, das der Partner vorgibt
- Den eigenen Leistungsstandard herunterschrauben und sich der Passivität des Partners anpassen, um sich gegenseitig besser zu ergänzen
- Zu jeglicher Art von Opfer bereit sein
- Niemals eine Gegenleistung für etwas erwarten
- Dem Passiv-Aggressiven jede geforderte Erklärung abgeben, um selbstständiges Handeln oder eigene Gedanken zu rechtfertigen
- Allzeit verfügbar sein, um all seinen Forderungen und Bedürfnissen nachzukommen
- Einsehen, dass versteckte Aggressivität seine persönliche Art ist, sich auszudrücken
- Ihm jeglichen Wunsch erfüllen, um Wutausbrüche, Streit oder Sabotageakte zu vermeiden

Gelingt dir die vollständige und bedingungslose Anpassung, kann der Passiv-Aggressive nach Belieben zwischen den Polen seiner emotionalen Ambivalenz hin- und herschwanken. Willst du das aus Liebe tun? Kannst du dich ihm oder ihr in allen erforderlichen Punkten anpassen? Diese Strategie der sanften Tour hat ihren Preis: Deine innere Kraft wird sich allmählich aufzehren. Irgendwann wirst du dich nach Frieden und Liebe im Gegenzug sehnen und feststellen wollen, dass dein Partner berechenbarer und reifer geworden ist. Solche Erwartungen lauern latent in deinem Unterbewusstsein. Sie werden für wachsendes Unbehagen und innere Aufruhr sorgen, ob du sie nun wahrhaben willst oder nicht.

Eine Gegenrevolution anzetteln und den Passiv-Aggressiven zu reifer Partnerschaft auffordern

Wer sich für diese harte Linie entscheidet, ist nicht bereit, sich durch die Ambivalenz der subversiven Liebe manipulieren zu lassen, und verlangt nach einer Lösung des Grundkonflikts und der Alltagsprobleme. Selbst wenn die harte Strategie darauf aus ist, eine aufrichtige und demokratische Beziehung zu etablieren, wird der Passiv-Aggressive als erste Konsequenz seine subversiven Verhaltensweisen verstärken; die Liebe wird täglich mehr in die Opposition gehen, und letztendlich könnte es zum Bruch kommen. Der Passiv-Aggressive empfindet das plausible Verhalten des Partners, die eigenen Rechte zu verteidigen und Nein zu sagen, als Übergriff und autoritäres Gebaren. Daher wird er deine Strategie der Gegenrevolution als Beweis für dein despotisches und absolutistisches Wesen betrachten.
Sollte sich diese Strategie als erfolgreich erweisen, könnten zweierlei Dinge geschehen: Dein Partner willigt aus Angst, dich zu verlieren, ein, sich psychologisch helfen zu lassen,

oder sein Freiheitswille überwiegt, und er wendet sich entrüstet ab, um sich jemanden zu suchen, der weniger »problematisch« und »herrschsüchtig« ist. Im ersten Fall ruht ein professionelles Auge auf ihm, und im zweiten hast du das Glückslos gezogen.
Die beschriebene Grundhaltung wird durch folgende Verhaltensweisen charakterisiert:

- Halte dich nicht damit auf, deinen passiv-aggressiven Partner von offensichtlichen Dingen zu überzeugen. Mit Sicherheit versteht er deine Beweggründe sehr gut, er hat nur »keine Lust« sich entsprechend zu verhalten. Das Gespräch muss als natürliches Mittel der Annäherung etabliert werden.
- Delegiere nichts an den Partner, was du selbst erledigen kannst. Warum wartest du noch immer auf deinen Geliebten? Weder Lazarus noch Dornröschen werden durch deinen Kuss zu neuem Leben erwachen. Du kennst ihn oder sie, also kümmere dich selbst um deine Angelegenheiten. Mag sein, dass es dich mehr Zeit und Kraft kostet, aber wenigstens musst du nicht um Hilfe und Verlässlichkeit betteln.
- Reagiere nicht auf die typischen passiv-aggressiven Provokationen wie Langsamkeit, Nachlässigkeit oder Anschuldigungen. Wenn das subversive Muster auftritt, beachte es nicht, biete ihm keine Angriffsfläche. Ziel ist es, dass seine Strategien an dir abprallen, und dass dein Partner dies bemerkt.

- Besser, du hältst dich aus dem Spiel des Passiv-Aggressiven mit ambivalenten Gefühlen heraus. Glaubst du, irgendwer könnte solcherlei Verwirrung stressfrei überstehen? Er oder sie soll sich selbst um die Lösung seines Konflikts kümmern.
- Versuch ihn zu einer Therapie zur Klärung seiner Persönlichkeitsstörung zu bewegen. Vorsicht: Ich meine nicht, man sollte dies zur Bedingung für die Fortsetzung der Beziehung machen. Nein, es ist einfach ein fürsorglicher Akt, jemandem den Weg zur Besserung seiner seelischen Gesundheit zu weisen.
- Das beste Verhalten gegenüber einem Passiv-Aggressiven ist die Selbstbehauptung: die eigenen Rechte zu verteidigen, ohne die des anderen zu übergehen (in meinem Buch *Cuestión de dignidad* (Eine Frage der Würde) erkläre ich das ausführlich). Tappe nicht in die Falle, die das indirekte und sabotierende Verhalten des Passiv-Aggressiven dir stellt, sondern handle geradeheraus, ruhig und aufrichtig, auch wenn die Sache sich dadurch zuspitzt.
- Begreife dich nicht als Mutter oder Vater deines Partners, lass ihn wachsen. Übernimm nicht die Schuld für seine Fehler, behandle ihn als erwachsenen Menschen, selbst wenn er mit Wutanfällen reagiert.

Bist du in der Lage, die harte Linie durchzuziehen und die genannten Konsequenzen auf dich zu nehmen? Diese Gangart ist nicht »grausam«, sie hat nichts anderes als eine Normalisierung und Gesundung der Beziehung im Sinn.

Die subversive Liebe

Vergiss nicht, dass der Passiv-Aggressive mehr als einen Gewehrlauf auf dich richtet. Wenn es dir lieber ist, kannst du das oben erwähnte Verhaltenskonzept auch in freundschaftlich zärtliche Erklärungen einbetten, der Effekt wird derselbe sein: Deine Befreiung bedeutet für ihn die Tragödie, denn er verliert deinen Schutz und die Kontrolle über dich. Anders gesagt: Sobald du dich entscheidest, das sinnlose Schuldgefühl über Bord zu werfen und deine eigene Zukunft ins Auge zu fassen, wird es beim Passiv-Aggressiven unweigerlich zur Krise kommen. Ein seltsames Paradox: Dein Glück heißt für ihn Trauer.

Bis wohin lässt sich verhandeln?

Ich kenne niemanden, der mit einem passiv-aggressiven Partner zusammenlebt und einigermaßen glücklich wäre. Ganz egal, ob es sich um einen besonders schweren, einen moderaten oder einen leichten Fall handelt: Konfliktpotenzial ist bei subversivem Verhalten immer gegeben. Die innere Dynamik ist stets die gleiche, und der jeweilige Partner wird in stärkerem oder schwächerem Maß beträchtlich leiden. In den Konflikt des anderen verwickelt zu sein, nicht auf den Partner zählen zu können, wenn man ihn braucht, nur unter Vorbehalt »geliebt« zu werden und dazu noch als Zielscheibe drohender Angriffe zu dienen – all das ist nicht zu akzeptieren, wenn uns die eigene seelische Gesundheit am Herzen liegt.

Ist eine gesunde Beziehung mit einem Passiv-Aggressiven möglich?

Solange der fundamentale Widerspruch des Passiv-Aggressiven (Freiheits- versus Schutzbedürfnis) erhalten bleibt, ist kein Übereinkommen möglich. Wie soll man jemanden auf eine gesunde Art lieben, der einen als Hindernis in seinem Leben betrachtet? Einem passiv-aggressiven Mann war es nach zahlreichen Sitzungen mitten in der Stunde gelungen, seiner Frau zu sagen, was er wirklich für sie empfand. Er sagte: »Dich zu lieben ist ein Problem, wenn ich dich nicht lieben würde, ginge es mir besser, aber ich liebe dich, und dagegen kann ich gar nichts tun.« Beklagenswerte Liebe mit bitterem Beigeschmack: »Das Unglück, dich zu lieben.« Gibt es eine traurigere Liebeserklärung? Der Frau hatte es die Sprache verschlagen, ihre Gedanken aber waren wohlwollend und voller Hoffnung: »Wenigstens liebt er mich noch, vielleicht gibt es noch eine Chance.« Sie nahm nur einen Teil der Aussage auf: denjenigen, den sie hören wollte und musste, um nicht in Depressionen zu verfallen. Aber wie ist mit der tagtäglichen Geringschätzung, den Anfechtungen, den Streitereien, der Wut und dem Negativismus umzugehen? Wie soll man auf die Unreife des anderen reagieren, ohne dabei verrückt zu werden? Der passiv-aggressive Stil kennt kein Maß, er lebt von den Extremen und in einer inakzeptablen Dichotomie: Man kann nicht gleichzeitig ein Störenfried *und* die Stütze einer Beziehung sein. Meiner klinischen Erfahrung nach gibt es in diesem Fall nur eine Möglichkeit: professionelle Hilfe zu suchen bei der Lösung des Konfliktes zwischen Anziehung und Ablehnung, wie er dem passiv-aggressiven

Persönlichkeitsschema zugrunde liegt. Manche versuchen es, andere trennen sich, und einige wenige resignieren. Die Entscheidung liegt bei dir.

Passiv-aggressive Menschen rechtzeitig erkennen

Mit ein bisschen Aufmerksamkeit lassen sich passiv-aggressive Menschen leicht entlarven. Ihr oppositioneller Stil lässt sich kaum verbergen, man muss sich nur ein wenig dominant geben, und schon tritt die Gegenbewegung in Kraft. Passiver Widerstand, Nachlässigkeit und Trödelei, versteckte Aggressionen, mangelnde Kooperationsbereitschaft und chronische Aufschieberei werden wie Leuchtraketen aufsteigen, wenn das entsprechende Knöpflein gedrückt wird.

Gib dem Passiv-Aggressiven während der ersten Verabredungen Kontra, versuche deinen Standpunkt durchzusetzen und ein paar seiner Verhaltensweisen zu hinterfragen, ganz freundschaftlich. Du brauchst das gar nicht zum Standard werden zu lassen und überall Symptome zu sehen, wo vielleicht gar keine sind. Du solltest nur sehr gut über die charakteristischen Denk- und Verhaltensweisen Bescheid wissen, damit du dem subversiven Spiel auf die Schliche kommen kannst, bevor du dein Herz verlierst. Folgende Anzeichen können dir vielleicht dabei helfen, passiv-aggressive Menschen rechtzeitig zu erkennen:

- Sie schlagen mehr vor, als sie umsetzen. Sie ergreifen die Initiative und bereuen es nachher.
- Wenn sie sich von ihrer schwachen Seite zeigen, wirst du dich im Handumdrehen dabei wiederfinden, wie du ihnen jegliche Art von Gefallen erweist.
- Sie sind extrem unzuverlässig (sie rufen nicht zurück, kommen zu spät oder gar nicht zu Verabredungen). Jedes Mal bitten sie um Verzeihung, werden aber immer wieder rückfällig.
- Sie bitten andere um Gefallen, tun anderen aber selbst keine.
- Es wird ihnen nicht behagen, dass du die Sache in die Hand nimmst, sie selbst werden es aber auch nicht tun. Sendepausen sind an der Tagesordnung.
- Die Beziehung wird sich schnell in ein Katz-und-Maus-Spiel verwandeln. Wenn du dich nicht meldest, ist ihr Ehrgeiz angestachelt, zeigst du Interesse, werden sie sich zurückziehen.
- Der Passiv-Aggressive wird nichts tun, was er nicht tun will. Das zeugt nicht etwa von weiser Gelassenheit, sondern ist ein reiner Demonstrationsakt eines Menschen, der völlig von seiner eigenen Meinung überzeugt ist.
- Es eilt ihnen der Ruhm voraus, ihre Versprechen nicht einzuhalten.
- Ihre Beurteilung anderer Menschen oder bestimmter Situationen kann sehr negativ, hart und vernichtend sein.

Ratschläge für passiv-aggressiv veranlagte Menschen

Bei der Lektüre dieses Kapitels hast du sicher begriffen, wie schwierig es ist, dich zu lieben, solange du deinen passiv-aggressiven Charakter weiter pflegst. Dir zuliebe soll sich dein Partner mit deiner ambivalenten Haltung arrangieren und sich auf deine Widersprüche einstellen. Sicherlich ist dir bewusst, dass er – egal, was er tut – es dir niemals recht machen wird: Seine Zärtlichkeit wirst du als einengend empfinden, und wenn er sich eigenständig bewegt, wirst du ihn dafür hassen, dass du auf seinen Schutz verzichten musst.
Du hast ein ernstes Problem mit der Autorität. Der Ursprung dieses Problems liegt womöglich in schlechten Kindheitserfahrungen, zum Beispiel:

- Eltern mit wechselnden, unbeständigen und schwer interpretierbaren Gefühlen, die zwiespältige Empfindungen in dir verursacht haben und dir das Urvertrauen nahmen, das jedes Kind braucht, um in der Welt zu bestehen
- Widersprüchliche Informationen der Eltern, die das eine sagten und das andere meinten, was dich je nach ihrer aktuellen Stimmungslage zwischen Annäherung und Auf-Abstand-Gehen wechseln ließ

- Geschwisterliche Rivalität – womöglich hat sich durch ein neu geborenes Familienmitglied dein Sicherheitsgefühl in Bezug auf die Eltern schlagartig verändert
- Opfer einer Autoritätsperson geworden zu sein, die dich ausgenutzt oder eingeschüchtert hat, die du aber liebtest

Wichtig ist es, Autorität nicht mit Autoritäts*gebaren* zu verwechseln. Erich Fromm hat eine interessante Unterscheidung zwischen rationaler Autorität (legitimer, echter) und irrationaler Autorität (Autoritätsgebaren) gemacht. Bezüglich der einen sagte er: »Die rationale Autorität ist nicht begründet auf der Ausschaltung meiner Vernunft und Kritik, sondern setzt sie vielmehr voraus... Die rationale Autorität hat die Tendenz, sich selbst aufzuheben, denn je mehr ich verstehe und lerne, desto kleiner wird der Abstand zur Autorität.« Über den Despotismus irrationaler Autorität sagte er: »Ihre Triebfedern waren das Ohnmachtsgefühl des Unterworfenen, seine Angst und seine Bewunderung des ›Führers‹.«

Das eine ist demnach dreiste Kontrolle, Herrschsucht und Machtmissbrauch. Etwas ganz anderes aber ist fundierte Kritik und Bestätigung – im Sinne des Partners die Initiative zu ergreifen oder einen sinnvollen Prozess zum Wohle der Familie einzuleiten. All das kann in gegenseitigem Einverständnis geschehen, man kann sogar unterschiedlicher Meinung sein, solange man dabei freundlich miteinander umgeht. Aber einmal angenommen, du hättest recht, und der

Mensch, den du liebst, hat tatsächlich diktatorische oder despotische Ausfälle: Wäre es dann nicht besser, dich aus der Beziehung zu lösen, anstatt dich widerwillig daran festzuklammern?
Es ist nicht einfach, dein Partner zu sein. Nicht, dass du nicht liebenswert wärst, es ist nur schwierig, deine mangelnde Eindeutigkeit, deine Unreife, deinen Wankelmut zu ertragen. Halte dir vor Augen, dass Erschöpfung der Tod jeder Liebe ist. Das Unbehagen, das du deinem Partner verursachst, wird am Ende auf dich zurückfallen. Du brauchst eindeutig professionelle Hilfe; leg deine subversiven Strategien auf Eis (sie nützen wirklich niemandem etwas) und suche dir Rat. Kein professioneller Therapeut wird irgendetwas unternehmen, was gegen deine Prinzipien wäre, oder dich an jemand anderen ausliefern. Er wird dich vielmehr zu unterscheiden lehren, wann Verteidigung angebracht ist und wann nicht, wer dich fertigmachen will und wer dein Freund ist. Du wirst lernen, dich selbst zu behaupten und deine Gedanken und Gefühle in angemessener Weise mitzuteilen. Und dann kannst du auf jeglichen Psychoterror verzichten, denn du brauchst innerlich nicht mehr zwischen deiner Anhänglichkeit und der Angst vor Missbrauch hin- und herzuschwanken.

4 Die egoistische Liebe

Der narzisstisch-egozentrische Stil

Ein Egoist ist jemand,
der sich herausnimmt,
von sich selbst zu reden,
während du nur darauf brennst,
über dich zu sprechen.
Jean Cocteau

Die egoistische Liebe

An der Seite eines Narzissten wirst du dir vorkommen wie ein emotionaler Satellit. In partnerschaftlichen Beziehungen übernimmt sein Ego die Rolle des strahlenden Zentralgestirns: Es besetzt den Mittelpunkt, blendet, und kommst du ihm zu nahe, pulverisiert es dich. Narzisstisch veranlagte Menschen halten sich für etwas Besonderes und Einzigartiges, für ein grandioses Geschenk des Himmels, während sie die anderen als untergeordnete Vasallen oder bloße Gefolgsleute betrachten.
Juanita, eine zweiunddreißigjährige, ziemlich schüchterne, gut aussehende Frau aus bestem Hause, lebte seit sechs Jahren mit einem narzisstischen Mann zusammen. Aufgrund all ihrer Bemühungen, die Beziehung am Laufen zu halten, war sie emotional völlig erschöpft und kam zu mir in die Sprechstunde. Im letzten Jahr hatte sie stark an Selbstvertrauen eingebüßt, litt zunehmend unter Verlassensängsten und zeigte erste Anzeichen einer Depression. Das Interesse für ihre Arbeit und ihre Leistungsfähigkeit hatten erheblich abgenommen. Sogar ihr Immunsystem war durch die Strapazen ihrer komplizierten Beziehung schon geschwächt, und so erwischte sie eine Krankheit nach der nächsten – zum Glück nie etwas Ernstes. Sie hatte trockene Haut, stumpfes Haar, und aus ihrem Blick sprach unverkennbar Hoffnungslosigkeit. Sie wirkte wie ein kleiner Baum, der allmählich verdorrt. In den ersten Sitzungen war es ihr schwergefallen, über ihre Beziehung zu sprechen, doch eines Tages hatte sie Vertrauen gefasst und konnte über die Dinge reden, die sie so stark belas-

teten: »Ich bin es leid, immer nur zu geben und nie etwas zurückzubekommen... Wie soll man jemanden lieben, der sich für den Mittelpunkt des Universums hält...? Ich hab es satt, ihn zu bewundern und mich abzuwerten, damit er sich als groß und bedeutend empfindet, ich möchte nicht mehr herumgezeigt werden wie eine Trophäe... Dieses maßlose Bedürfnis nach Status und Macht... Ich bin da einfacher gestrickt... Auch sexuell bin ich unzufrieden, da kann er noch so sehr damit prahlen, wie toll es angeblich bei uns läuft, eigentlich masturbieren wir nur noch nebeneinander; in Wahrheit hatte ich noch nie einen Orgasmus mit ihm... Ich fühle mich an den Rand gedrängt wie ein Satellit, der um die Sonne kreist... Er hat mir, glaube ich, noch nie gesagt, dass er mich liebt... Ich wollte ihn schon verlassen, aber ich schaffe es nicht. Wie es scheint, habe ich mich daran gewöhnt, dass er wichtiger ist als ich und ich in seinem Schatten stehe...«

Im Schatten Gottes. Wie kann man jemanden auf gesunde Weise lieben, der derart selbstverliebt ist? Da bleibt kein Raum mehr für einen selbst. Bei der Liebe zu einem Egozentriker ist immer noch etwas Drittes im Spiel, das dem Geliebten anhaftet und stört – die Überheblichkeit. Das Paradoxe daran ist: Je mehr du einen Narzissten liebst, desto mehr nährst du seine Überheblichkeit und desto weiter wird er sich von dir entfernen. Ein Mann, der mit einer narzisstischen Frau verheiratet war, sagte mir einmal halb resigniert, halb ironisch: »Wenn Sie mich fragen, ob sie mir treu ist, weiß ich keine rechte Antwort... Im ei-

gentlichen Wortsinn schon... Aber genau genommen betrügt sie mich mit sich selbst... Je größer meine Zuwendung zu ihr wird, umso komplizierter wird die Beziehung, umso bedeutender fühlt sie sich...«
Juanitas Liebe galt einem König ohne Königreich, jemandem, der sich über andere erhaben glaubte. Für so einen Menschen ist es schon schwierig genug, das eigene Ego zu nähren – wozu sich da noch zusätzlich mit der Pflege eines anderen beschweren, bloß damit die Beziehung funktioniert? In der Beziehung zu einem Egozentriker findet sich kein Ort, an dem man sich geliebt und beschützt fühlt, und wenn man es trotzdem versucht, könnte das durchaus tragikomische Folgen haben. Ein narzisstischer Patient entschied sich nach mehreren Sitzungen dazu, seiner Frau (einer Juanita hoch fünf) mehr Aufmerksamkeit zu widmen. Er kam mit einem Rosenstrauß nach Hause, servierte ihr einen Drink (was er vorher nie getan hatte), nahm »zärtlich« ihre Hand (auch das hatte er in fünfzehn Jahren Ehe niemals getan) und sagte aus tiefstem Herzen zu ihr: »Ich liebe dich wirklich sehr, weil du mich so toll findest.« In null Komma nichts war die Party beendet und die Ehefrau sichtlich konsterniert – nicht ohne ihm dringend zu raten, sich einen anderen Psychologen zu suchen.

Die Odyssee, einen narzisstischen Menschen zu lieben

Niemand wird bestreiten, dass das Selbstwertgefühl eine Grundvoraussetzung für die seelische Widerstandsfähigkeit und das eigene Wohlbefinden ist. In meinen Büchern habe ich besonderes Gewicht auf dieses Thema gelegt: Sich selbst zu lieben ist unabdingbar, um sich als Mensch weiterzuentwickeln. Man könnte sogar sagen, dass das Leben in all seinen Formen – wie Spinoza es formuliert – danach strebt, sich in seinem Sein zu erhalten.

Das eigene Ich zu pflegen und sich seine Identität ohne Abstriche zu bewahren ist Zeichen mentaler Gesundheit; Selbstverleugnung hingegen ist ein Anzeichen von Wahnsinn. Ohne den Selbsterhaltungstrieb wäre die Menschheit ausgestorben, nicht umsonst propagieren Christentum und andere Religionen das Ich als Ausgangspunkt für Altruismus und Mitgefühl. Wer empfiehlt, »den Nächsten zu lieben *wie sich selbst*«, heißt den Wert der Eigenliebe ausdrücklich gut.

Im Falle des Narzissmus liegt die Sache ein bisschen anders, er führt zu Selbstüberschätzung, Eigennutz und Egozentrik (»Ich bin einzigartig«, »Ich vergöttere mich selbst« und »Ich bin der Mittelpunkt des Universums«). Im narzisstischen Beziehungsstil entwickelt sich der Egoismus-Keim

zu voller Blüte und tritt offen und in seiner maximalen Ausprägung zum Vorschein. Dies ist die unsympathische Seite des Selbstwertgefühls, sein dunkles Gesicht: ein überproportioniertes Ich. Das äußerst variable Selbstwertgefühl siedelt sich stets irgendwo zwischen Anmaßung und Selbstverachtung an. Beim überheblichen Menschen wird das Miteinander durch ein Übermaß an Selbstwertgefühl gestört (»Du bist weniger wert als ich, reichst nicht an mich heran«), bei dem, der sich selbst nicht liebt, stört sein Mangel (»Ich bin nichts wert, ich schäme mich für das, was ich bin«).
Drei irrationale Einstellungen kennzeichnen die inakzeptablen Liebesgrundlagen des Narzissten: »Meine Bedürfnisse sind wichtiger als deine« (emotionale Missachtung), »Du kannst dich glücklich schätzen, mich zum Partner zu haben« (Überheblichkeit/Großartigkeit) und »Wenn du mich kritisierst, liebst du mich nicht« (Überempfindlichkeit gegenüber Kritik).

Emotionale Missachtung
»Meine Bedürfnisse sind wichtiger als deine«

Der Narzisst kann sich nicht auf seinen Nächsten einlassen, weil er so sehr von seinen eigenen Bedürfnissen und Gefühlen erfüllt ist. Ein egozentrischer Mensch kann oder will sich nicht von sich selbst entfernen – daher seine Distanz zu anderen. Ich rede hier nicht von den natürlichen Anfällen von Selbstbezogenheit, wie wir sie alle gelegentlich an den Tag legen, sondern von einer dauernden Selbstverliebtheit, die der Hinwendung zum Partner im Weg steht. Wie kann man lieben und geliebt werden, wenn man den anderen nur notgedrungen und bruchstückhaft wahrnimmt? Umfassende Liebe ist unmöglich, solange man die Anwesenheit des anderen nicht spürt. Im narzisstischen Stil gibt es zwei typische Formen dieser »verliebten Verkennung«: Egoismus und Manipulation.

Egoismus

Oft geht der Narzisst missbräuchlich und eigensüchtig mit dem partnerschaftlichen Gut um, sei es in physischer, seelischer oder emotionaler Hinsicht. Liliana führte eine siebenjährige Ehe mit einem erfolgreichen Geschäftsmann, der in der Beziehung stets größere Privilegien besaß als sie. Von den täglichen Mahlzeiten bis hin zur Kleidung und den Urlauben, alles wurde rund um die Vorlieben des Mannes organisiert. Hatte sie beispielsweise vor, sich ein Paar Schuhe zu kaufen, legte ihr Mann den Preis fest, eruierte die Angebote und legte ihr preiswertere Varianten nahe; ging er hingegen für sich einkaufen, waren solche Überlegungen nebensächlich. Diese Qualität der Wechselbeziehung prägte ihre gesamte Partnerschaft, was Liliana veranlasste, nach professioneller Hilfe zu suchen, damit »ihr Mann sich dessen bewusst werde«. Darauf zu warten, dass ein Narzisst von selbst zu einer gleichberechtig-

ten Partnerschaft findet, ist allerdings reichlich blauäugig. Liliana wartet bis heute auf die Verwandlung ihres Ehemanns in einen Altruisten – während sie gleichzeitig versucht, seine Monopolansprüche unter Kontrolle zu halten, damit er sie nicht übervorteilt. Eine seltsame Liebe. Der Mann ist kein Narzisst, wie er im Buche steht, aber er besitzt dessen wichtigste Eigenschaften, um seiner Frau das Leben schwer zu machen.
Zwei Dinge sind unbedingt auseinanderzuhalten: Egoismus ist nicht dasselbe wie Egozentrik. Ersterer hat mit der *Unfähigkeit, andere zu lieben* zu tun, Grund dafür ist Gier. Letztere beruht auf der *Unfähigkeit, von sich selbst abzusehen* und sich auf einen fremden Standpunkt einzulassen, was die betroffenen Menschen schließlich zu Sklaven ihrer eigenen Ansichten macht. Es handelt sich also um zwei verschiedene, aber zusammengehörige Unzulänglichkeiten: Beide nähren sich gegenseitig und machen jeglichen Versuch zunichte, den anderen zu lieben. Auf sich selbst fixiert zu sein, in welcher Form auch immer, bedeutet Kontaktabbruch, Isolation, Schweigen und Verständnislosigkeit.

Manipulation

Eine Grundannahme narzisstischer Menschen ist, dass der Zweck die Mittel heilige, wobei der Zweck sie selbst und die Mittel die anderen sind. Der Mitmensch steht im Dienst des eigenen Wohls. Narzissten setzen ihre eigennützigen Pläne mit größtem Selbstverständnis um. Sorgfältig wählen sie ihr Opfer aus, machen einen »Schnelltest« bezüglich der Vorteile, die es ihnen einbringen könnte, und schon ziehen sie es hinein ins manipulative Spiel: sei es durch Schuldzuweisung, Verführung, Einschüchterung oder irgendeine andere Form von Erpressung.

Und um auf unser Thema zurückzukommen: Gibt es jemanden, der leichter manipulierbar wäre als ein Verliebter oder eine Verliebte? Wenn wir schon unter normalen Umständen alles für die Liebe tun, wie sehr dann erst, wenn wir unter dem Einfluss eines Narzissten stehen?! Hier ein typisches Beispiel. Pedro schaffte es immer, die Drecksarbeit an seine Partnerin zu delegieren, ob es nun darum ging, das Bad zu putzen, den Müll hinunterzutragen oder andere lästige Dinge zu erledigen. Sein oberstes Manipulationsgebot war, sich schwach zu geben und so Schutz- und Hilfsreaktionen zu provozieren, sogar Mitleid, falls nötig: »Ich bin deprimiert«, »Ich habe Angst, zurückgewiesen zu werden«, »Du kannst das besser«, »Ich bin eh zu nichts zu gebrauchen« oder »Ich hab einfach nicht genügend Grips«. Seine Frau war zum »Tausendsassa« geworden, auf den Pedro zurückgriff, sobald die Dinge unbequem für ihn wurden. Wenn sie sich »wohl verhielt« und seinen Bedürfnissen nachkam, wurde sie mit Zuneigung belohnt. Pedro empfand sein Verhalten nicht als falsch, er glaubte wirklich, er sei über diese unangenehmen Pflichten erhaben und einfach nicht dazu geboren, sich die Finger schmutzig zu machen. Er war fest davon überzeugt, einen

besonderen Status zu haben, der ihn von gewissen lästigen Tätigkeiten entband.
Manipulative Strategien können emotionaler wie auch materieller Art sein, in milder oder penetranter Form auftreten und vorübergehend oder dauerhaft eingesetzt werden. Was auch immer sich hinter solcherlei psychologischen Manövern verbirgt, es kann sich außerordentlich destruktiv auf jede Paarbeziehung auswirken: »Da ich den anderen überlegen bin, müssen sie mir zu Diensten sein, ob sie nun mögen oder nicht.« Die postmoderne Gesellschaft hat es zum Grundwert erhoben, seine Ziele um jeden Preis erreichen zu müssen – dieser Leitgedanke bewirkt, dass Jugendliche sich an einem Prinzip von falsch verstandener Beharrlichkeit ausrichten. Es geht nicht um das Beharren um jeden Preis (was weniger ein »Wert« ist als pure Besessenheit), man muss auch verzichten und mit Enttäuschungen leben können. Und hierin liegt eines der Hauptprobleme narzisstischer Persönlichkeiten: Sie können nicht verlieren, deshalb sind sie so gefährlich.

Anmaßung/Selbstherrlichkeit

»Du kannst dich glücklich schätzen, mich zum Partner zu haben«

Selbst wenn dieser Satz in einer Beziehung nicht unbedingt wörtlich fällt, sind Anmaßung und Selbstherrlichkeit eines narzisstischen Partners doch permanent spürbar. Es mag

Die egoistische Liebe

sich vielleicht in einem vorwurfsvollen Blick äußern, wenn man sich nicht »gebührend« verhalten hat, in ärgerlichen Unmutsbekundungen darüber, nicht angemessen behandelt worden zu sein, oder in verstecktem Ringen um Aufmerksamkeit; die Selbstgerechtigkeit kommt in verschiedenster Gestalt daher, wie so manche Märchenfigur, die den Kindern schlaflose Nächte bereitet.
Doch nicht alles, was glänzt, ist Gold. In den meisten Fällen ist der Hochmut ein Mittel, um alte Unterlegenheitsgefühle zu kompensieren. So kann das Verstecken hinter vorgeschobener Arroganz dazu führen, dass man sie schließlich ganz real annimmt und sich tatsächlich für etwas Besonderes hält. Es geht die Geschichte um, die Ehefrau des Schriftstellers Ernest Hemingway (laut verschiedenster psychologischer Gutachten ein vollendeter Narzisst mit manisch-depressiven und Borderline-Zügen) habe sich einmal in den Finger geschnitten, weshalb ihr die Leute für einen Moment mehr Aufmerksamkeit schenkten als ihm. Was einen sofortigen Wutausbruch seinerseits und dann tagelanges Schweigen nach sich zog. Niemand konnte den »Meister« auch nur ein Stück weit aus seinem Schmollwinkel locken. In einer seiner Kurzgeschichten *A Clean, Well-Lighted Place* schrieb er die folgende Passage, in der sich eindeutig das Leere- und Befremdungsgefühl vieler narzisstischer Patienten wiedererkennen lässt:

Wovor fürchtete er sich? Es war weder Furcht noch Angst. Es war ein Nichts, das er nur allzu gut kannte. Alles war nichts, und auch ein Mensch war nichts. Manche lebten darin und spürten es nie, aber er wusste, es war nada y pues nada y pues nada. Nada unser im nada, nada werde Dein Name, Dein Reich nada, Dein Wille nada wie im nada so auf nada.

Wenn du einen Narzissten glücklich und zufrieden machen willst, brauchst du nur zwei Pro-Ego-Strategien zu beherzigen: Zu seinem »guten Image« beizutragen und bedingungslos seine Großartigkeit anzuerkennen.

Das gute Image

Der springende Punkt jeder narzisstischen Liebe ist die Frage: Was hat mein Partner für meine Selbstdarstellung zu bieten, und wie setze ich es gewinnbringend für mich ein? Sei es die soziale Schicht, der Bekanntheitsgrad oder das Äußere des Partners, in jedem Fall sollte es zur Imageverbesserung des »großen Mannes« oder der »großen Frau« beitragen. Der gesellschaftliche Status, den der narzisstische Mensch repräsentiert, ist seine Visitenkarte. Ein bedeutender Geschäftsmann stellte folgende Überlegung an: »Jeder andere überreicht beim Kennenlernen sein Kärtchen, ich hingegen stelle ihnen meine Frau vor.«
Ich erinnere mich an eine öffentliche Veranstaltung, bei der ein junges Paar vor allen Anwesenden seinen Streit austrug. Streitpunkt war offenbar die Kleidung der Frau, die

nach Meinung des Mannes in punkto Eleganz nicht mit der seinen mithalten konnte. Nach dem kaum verhohlenen Hin und Her brach die Frau in Tränen aus. Für einen Narzissten gibt es nichts Schlimmeres, als sich in der Öffentlichkeit lächerlich zu machen, also versuchte der Mann mit Engelszungen auf sie einzureden, küsste und streichelte sie und schwor ihr ewige Liebe, um sie zu besänftigen. Irgendwann war es ihm gelungen, die Dame zu trösten, und sie setzten sich wieder in meine Nähe. Sie, offenbar zerknirscht über den Vorfall, entschuldigte sich bei ihm: »Verzeihst du mir?« Er, der sich inzwischen beruhigt hatte, versuchte sie auf seine Art zu ermuntern: »Keine Sorge, Liebes, du wirst meiner immer würdig sein.«

In meiner Praxis habe ich viele Paare gesehen, die genau nach diesem Schema der »Anpassung nach oben« funktionieren: Einer von beiden strebt nach den Sternen, und der andere versucht, ihn einzuholen. Wenn sie eine tüchtige Geschäftsfrau ist, versucht er ein begeisterter Donald Trump zu sein, um »mithalten zu können«. Wenn der Mann sportlich und athletisch ist, wird sie – kaum in der Lage, zwei Stufen hinaufzusteigen, ohne aus der Puste zu kommen – Tennisstunden nehmen, das Radfahren beginnen oder Kickboxen betreiben, »um in Form zu kommen«. Wenn ich »den da unten« befrage, warum man nicht nach einem moderaten Punkt sucht und sich auf halbem Weg trifft, erhalte ich immer dieselbe Antwort: »Ich kann nicht, ich muss auf sein Niveau kommen.«

Bedingungslose Bewunderung

Willst du das Ego eines narzisstischen Menschen ins Wanken bringen? Dann beachte ihn einfach nicht. Bewunderung ist die Grundsubstanz für die Pflege des heiligen Egos. Die meisten Narzissten wollen lieber verehrt als geliebt werden, deshalb betört sie ein Kniefall eher als eine Umarmung, ziehen sie den Applaus jeder zärtlichen Berührung vor. Hast du die Absicht, einen Narzissten zu erobern? Dann erweise seiner Persönlichkeit alle Ehrerbietung, und er frisst dir aus der Hand. So wie der Herr nicht ohne seine Sklaven auskommt, um seinen gewohnten Lebensstandard aufrechtzuerhalten, können narzisstische Menschen nicht auf ihr Gefolge an Bewunderern verzichten, um ihr Ego am Leben zu erhalten.

Ich kenne einen jungen Mann, dessen Freundin sich für den Mittelpunkt der Welt hält. Diese Frau fühlt sich wie eine Göttin und setzt Himmel und Hölle in Bewegung, damit man ihr die gebührende Bewunderung erteilt. Aus irgendeinem Grund wiederholt ihr Freund ihr zu Gefallen ständig den Ausspruch: »Du bist einfach genial!« Das befriedigt sie ungemein, und sie spürt die berühmten Schmetterlinge im Bauch. Wenn die Frau zum Beispiel entscheidet, durch eine Straße mit weniger Verkehr zu fahren, schaut er sie überrascht an, und sofort kommt das bestätigende »Du bist genial!« Wenn sie eine passende Festgarderobe wählt, sieht er darin den Beweis ihrer ästhetischen Unfehlbarkeit und wiederholt das gewünschte »Du bist genial!« Und von »Genialitätsschub zu Genialitätsschub« saß das Mädchen dem Märchen immer mehr auf und war nun überzeugt, dass sie neben einem phantastischen Körperbau und einem einnehmenden Wesen auch noch über einen immensen Intellekt verfügte. Das ließ sie endgültig zur unverbesserlichen Obernarzisstin werden.

Bewundert zu werden ist ein emotionales Bedürfnis der Narzissten. Das ist nicht etwa zweitrangig oder verzichtbar, es ist eine *Pflicht*, die der Partner widerstandslos erfüllen muss, sofern er die Beziehung aufrechterhalten will. Wenn ich eine narzisstische Person mit ihrem Partner sehe, kommt mir das Bild zweier aneinandergrenzender Gärten in unterschiedlichem Zustand in den Sinn: der eine wuchernd und blühend, der andere trocken und kahl. Sie scheinen zusammenzugehören, doch der eine gräbt dem anderen das Wasser ab und trocknet ihn langsam aus, saugt ihm die Lebenskraft ab. Der narzisstische Mensch ist ein Energieschlucker. Sein Bedürfnis nach Bewunderung und Bestätigung ist derart groß, dass er niemals einen Partner akzeptieren wird, der ihn auf irgendeine Weise in den Schatten stellt, und wenn das doch geschieht, wird er vor Neid vergehen. Für jemanden, der auf gesunde und demokratische Weise liebt, ist das ziemlich schwer zu begreifen.

Überempfindlichkeit gegenüber Kritik
»Wenn du mich kritisierst, liebst du mich nicht«

Narzissten fassen eine abweichende Meinung oder freundschaftliche Kritik als Beleidigung und mangelnden Respekt gegenüber ihrem Sonderstatus auf. In der klinischen Psychologie nennt man das »narzisstische Kränkung«, was nichts anderes ist als eine Überempfindlichkeit gegenüber Kritik. Erinnern wir uns daran, dass wir es mit einem »eingemauerten« Mangel an Selbstwertgefühl zu tun haben, und Ehrlichkeit hat die Eigenschaft, jeden Schutzwall zu durchbrechen. Deshalb hassen Narzissten Menschen, die sich selbst behaupten können, bloß weil diese offen sagen, was sie denken, und sich nicht manipulieren lassen. Das erklärt auch, warum sie sich oft eher unterwürfige Partner suchen, die sich ihnen niemals in irgendeiner Weise widersetzen würden.

Eine Frau erklärte mir die Formel, die sie erfunden hatte, um ihren Ehemann »zu kritisieren«, ohne sein narzisstisches Ego zu verletzen: »Zunächst einmal warte ich darauf, dass er gute Laune hat, dann sage ich ihm viele nette Dinge... Ich bereite ein gutes Essen vor und ziehe was Nettes an... Ich schau ihm eine Weile zu, und dann komme ich nach und nach zur Sache... Hat er beispielsweise die Sekretärin schlecht behandelt, rede ich – anstatt ihm vorzuhalten, er solle respektvoller mit den Menschen umgehen – davon, wie schwierig es sei, vertrauenswürdiges Personal zu finden. Dann erwähne ich, wie sehr sie ihn bewundert, und schon lässt er seine Skepsis fahren und kann den Vorschlag annehmen...« Ja, aber unter welchem Aufwand! Reine Zeitverschwendung, um etwas zu sagen, was sich von selbst versteht. Indem sie sich voll und ganz auf das Defizit ihres Mannes einstellte, erreichte die Frau einzig und allein, dass sich sein Überlegenheitsgefühl noch verstärkte und die Kommunikation zwischen ihnen umso schwieriger wurde.

Narzisstische Beziehungen – die Gründe

Die Macht des Egos

Man müsste sich einmal fragen, warum die meisten Egozentriker verheiratet bzw. mit Männern oder Frauen zusammen sind, die unbeirrbar an der Beziehung festhalten und dafür sämtliche negativen Folgen und Schwierigkeiten auf sich nehmen.

Es gibt mindestens drei negative Grundmuster, die die Wahrscheinlichkeit für eine dauerhafte Beziehung mit einem narzisstischen Menschen erhöhen. Jedem davon liegt ein emotionales Bedürfnis zugrunde, das der Mensch zu stillen versucht, um sein psychisches Problem zu lösen oder ein gewisses inneres Gleichgewicht zu erlangen: »Ich brauche eine Beziehung, die mir Status verleiht« (Sich-nicht-begehrt-Fühlen), »Ich brauche jemanden, mit dem ich mich identifizieren kann« (Ich-Schwäche) und »Ich muss unbedingt jemanden lieben können« (grenzenlose Hingabe).

Sich-nicht-begehrt-Fühlen
»Ich brauche eine Beziehung, die mir Status verleiht«

Dieses Verhaltensmuster beruht auf der Erfahrung mangelnden emotionalen Erfolges. Genauer gesagt, es liegt Menschen zugrunde, die sich vom anderen Geschlecht nie geliebt gefühlt haben und nun das Bedürfnis entwickeln, die verlorene Zeit wieder gutzumachen.
Eine neunundzwanzigjährige Frau, die aufgrund ihrer Schüchternheit und ihres Übergewichts keinen Erfolg bei Männern gehabt hatte, beschrieb mir ihren Idealmann so: »Ich möchte jemand ganz Besonderen ... Groß, extrem gut aussehend, niveauvoll, ehrgeizig, gesellig, stark und selbstsicher ... Ich bin es leid, dass sich nur Hässliche und Versager für mich interessieren ... Ich will einen Spitzenpartner, damit die anderen neidisch werden ... Das habe ich verdient ...« Ich antwortete ihr, das werde nicht einfach sein, die Männer, wie sie sie beschrieb, seien hoch begehrt, und die Frauen stünden nach ihnen Schlange. Sie hielt jedoch an ihren Erwartungen fest. Was meine Patientin in Wahrheit wollte, war eine Wiedergutmachung für eine emotionale Dürreperiode in der Vergangenheit. Sie wollte sich

Die egoistische Liebe

von einem tief eingebrannten Einsamkeitsgefühl befreien. Unglücklicherweise führten ihre Bestrebungen (nämlich den Traummann zu finden) sie direkt in ein Gebiet, in dem es von Narzissten nur so wimmelte und sie zur leichten Beute wurde.

Das Bedürfnis nach einem gewissen Status befällt auch Menschen innerhalb von Paarbeziehungen. Ein Patient sagte nach zwanzigjähriger Ehe zu mir: »Ich weiß nicht, ob ich sie liebe… Sie ist eine einflussreiche Frau, hart und sehr dominant… Ich übertreibe wirklich nicht, wenn ich sage, sie ist die selbstsüchtigste Frau, die ich kenne… Doch trotz allem, an ihrer Seite profitiere ich von allerhand gesellschaftlichen und materiellen Vorteilen… Als ihrem Ehemann öffnet sich mir manche Tür, und die Leute haben Respekt vor mir… Und da ich weiß, dass sie sich nicht ändern wird und es auch gar nicht will, finde ich mich am besten mit ihrem Narzissmus ab und genieße die Vorteile…«

Die genannten Beispiele zeugen von einem großen Irrglauben: dem Gedanken, der eigene Wert hänge von der Wichtigkeit, dem Ruhm oder der Macht des Partners ab. Genauso wenig entscheidet die Anzahl deiner verflossenen Partnerinnen oder Partner über deinen Stellenwert als Mensch. Du kannst deine erste Beziehung mit vierzig haben und feststellen, dass die Geschichte deiner Einsamkeit an diesem unerwarteten Wendepunkt plötzlich einen Sinn bekommt. Hast du dich je wieder mit den Freunden aus deiner Jugend getroffen, den früheren Herzensbrechern, auf die jeder scharf oder eifersüchtig war? Ich schon, und beim Wiedersehen machte ich eine unglaubliche Entdeckung: Sie hatten Bäuchlein und Zellulitis wie alle anderen auch! Sie waren nicht mehr die Adonisse und Aphroditen von früher, sondern Menschen wie du und ich. Das Leben bringt uns ganz von selbst irgendwann alle an den gleichen Ort. Glück ist, in den Armen des Menschen aufzuwachen, den du liebst, und zu wissen, dass es in einem Umkreis von tausend Kilometern niemand Besseren für dich gibt. Wenn man es allerdings auf einen Spitzenpartner mit Ausnahmetalenten abgesehen hat, wird man anfällig für Narzissten.

Ich-Schwäche

»Ich brauche jemanden, mit dem ich mich identifizieren kann«

Manche Menschen müssen sich mit berühmten oder bekannten Persönlichkeiten (ob sie nun erfunden sind oder real) identifizieren, um sich selbst zu definieren und ihrem Leben einen höheren Sinn zu verleihen. So lange wir keine klare Vorstellung davon haben, was wir wollen und wohin wir gehen, werden wir diese fehlende Idee außerhalb suchen. Wir werden darauf ausgerichtet sein, das persönliche Gefühl von Leere mit fremder Exklusivität aufzufüllen.
Ein Mann sprach folgendermaßen über seine Freundin: »Ich bewundere ihre Lebenseinstellung, sie verkörpert das,

was ich am meisten an einem Menschen schätze, und ich bin stolz darauf, dass sie sich für mich entschieden hat... Sie ist mein Ankerpunkt, meine Inspiration, durch sie erhält mein Leben einen Sinn... Ich bin ihr größter Fan...«
Die Frau bekleidete ein wichtiges öffentliches Amt, und wenn der Mann sie auf der Arbeit besuchen wollte, musste er um einen Termin bitten und sich in eine Warteliste eintragen. Nun, man sollte das mit der Bewunderung nicht übertreiben: Es ist eine Sache, jemanden zu lieben, und eine andere, jemanden zu verherrlichen wie einen neuen Messias. Ich kenne Leute, die statt eines Kusses lieber eine Autogrammkarte hätten und einer Umarmung jederzeit ein Poster vorziehen würden. Eine Beziehung, die auf verliebter Anhimmelei beruht, zeugt von einem unreifen und schwachen Ich, das nicht weiß, worauf es abzielt: Liebe ist etwas anderes als Persönlichkeitskult. Natürlich habe ich nichts gegen Bewunderung an sich, im Gegenteil. Anlass zur Sorge aber scheint mir bei überzogener und irrationaler Bewunderung geboten, sobald man jemand anderen verehrt, als handelte es sich um einen Gott oder eine Göttin.

Grenzenlose Hingabe
»Ich muss unbedingt jemanden lieben können«

Liebe an sich und die konkrete, personenbezogene Liebe innerhalb einer Paarbeziehung sind zweierlei Dinge. Bei Ersterer gibt es kein Anrecht auf Gegenliebe oder Rückerstattung (oder hat Mutter Teresa jemals auf Dankbarkeit und Entschädigung gehofft?). Bei der zweiten Form der Liebe sind wir auf irgendeine Art der Rückmeldung angewiesen, denn es geht um das Überleben des Ich. Wie könnte man sich nicht nach Zuwendung und Zärtlichkeit sehnen, wenn man selbst liebevoll und zärtlich ist? Wie auf Treue verzichten, wenn man selbst treu ist? Wie auf sexuelle Lust verzichten, wenn man selbst gern sexuelle Lust bereitet? Die gesunde Liebesbeziehung ist ein Geben und Nehmen, in beide Richtungen. Natürlich geht es nicht ums Gegenrechnen: Manchmal gibt man mehr als man bekommt, und das spielt keine Rolle; aber wenn man stets mit offenen Händen austeilt und vom Partner niemals etwas zurückerhält, treten Zweifel auf und Misstrauen schleicht sich ein.

Trifft ein Mensch mit dem Verhaltensmuster grenzenloser Hingabe auf einen Narzissten, so entsteht eine ebenso außergewöhnliche wie tödliche Symbiose. Könnte es etwas Gefährlicheres geben als die Begegnung eines Arbeitssüchtigen mit einem Ausbeuter? Nur damit keine Zweifel aufkommen: Ja, es gibt einen emotionalen Mehrwert. Der Narzisst ist der geborene Empfänger und ein miserabler Spender von Liebe, da er sich selbst als natürlichen Bestimmungsort sämtlicher Liebesbekundungen betrachtet. Das Prinzip der Gegenseitigkeit kommt in seinem Hirn nicht vor. Noch einmal: Der Traum eines jeden »leidenschaftlichen Gebers« ist es, auf einen »unersättlichen Empfänger« zu stoßen, und diese Phantasie erfüllt sich, wenn du einem konsequenten, waschechten Narzissten begegnest. Innerhalb dieser stillschweigenden Übereinkunft mit dem Hang zum Pathologischen wirkt die Hingabe allerdings destruktiv.

Ist eine gesunde Beziehung mit einem narzisstischen Menschen möglich?

Es ist eine der wesentlichen Voraussetzungen für den Aufbau einer festen emotionalen Bindung, dass man sich gegenüber der Lebenswelt des anderen öffnet und ihn versucht zu verstehen. Wo der Egoismus regiert, kann es keine Liebe geben, und wo blanke Egozentrik herrscht, ist echte Kommunikation unmöglich. Indem du den Dünkel deines Partners akzeptierst, machst du dich selbst nur kleiner, und dein Selbstwertgefühl hängt an einem seidenen Faden. Welche andere Option gäbe es? Der Narzisst könnte sich zu einer radikalen Wandlung seines Lebens entschließen und großzügiger und gnädiger werden. Eine innere Revolution, die nur den wenigsten tatsächlich gelingen wird.

Emotionale Überlebensstrategien

In der Beziehung zu einem Menschen mit narzisstisch-egozentrischem Liebesstil greifen die meisten Leute auf eine von zwei Grundstrategien zurück: den Partner rückhaltlos zu bewundern oder ihn von seinem Podest zu heben und auf ein menschliches Niveau zu bringen. Beide Varianten haben komplexe Folgen.

Die »Überlegenheit« des Narzissten anerkennen und ihm Ehrerbietung erweisen

Um diese Strategie verfolgen zu können, muss man sich ein Herz fassen und seinen Stolz vergessen. Das Prinzip ist, sich radikal an den Narzissmus des Partners anzupassen, damit die Welt rosarot bleibt. Voraussetzungen hierfür: Man muss die »Überlegenheit« des anderen real anerkennen und vollkommen überzeugt davon sein, dass man sich glücklich schätzen kann, einen solch herausragenden Partner zu haben. Menschen, die sich für diese Möglichkeit entscheiden, ordnen sich unter und verhalten sich extrem gutwillig. Die wesentlichen Komponenten dieser Haltung sind:

- Eine untergeordnete Position einnehmen, damit die Selbstzufriedenheit des Partners nicht gefährdet wird
- Ständige Bewunderung an den Tag legen (Lob, Schmeichelei, Ehrerbietung und Bestätigung)

- Mit wenigen Liebesbekundungen auskommen (so es denn überhaupt welche gibt), denn »er ist nun mal, wie er ist«, und damit muss man sich abfinden
- Sich selbst nicht groß hervortun, um nicht in Konkurrenz zum Partner zu treten
- Sich ganz auf die Ziele des narzisstischen Partners einstellen, sich an ihnen erfreuen und sich selbst hintanstellen
- Bei Fehlern oder Irrtümern seinerseits sehr diplomatisch und mit äußerstem Feingefühl vorgehen, auf Selbstbehauptung reagiert er äußerst empfindlich
- Mit allen zur Verfügung stehenden Mitteln zu seinem guten Image beitragen
- Sich gelegentlich manipulieren lassen, um Diskussionen zu vermeiden
- Eine Schutzschicht anlegen gegen seine Gleichgültigkeit; mit der richtigen Mühe wird man sich mit der Zeit genügend Hornhaut anlegen können

Was denkst du? Bist du bereit, diesen Schmusekurs zu fahren? Besitzt du die nötige Geduld und Sanftmut? Manche Menschen sind stolz darauf, dem Ego ihres Partners dienlich zu sein, es bis zum Zerplatzen zu bestärken. In diesem Sinne erklärte mir eine Frau: »Je wichtiger er ist, desto größer werde ich sein.« Eine sonderbare Form von stellvertretender Selbstherrlichkeit: die Übertragungsleistung eines schwachen Selbstwertgefühls.

Den Narzissten vom Podest holen und ihn auf seinen Platz verweisen

Dieser Kurs versucht, ein Gleichgewicht in der Beziehung herzustellen und sie demokratischer werden zu lassen, was garantiert direkt in die Krise führen wird, da der Narzisst sich mit Händen und Füßen dagegen wehrt, seine Machtposition aufzugeben oder zu teilen. Eine Entscheidung für diesen Weg könnte zum endgültigen Bruch führen, denn eine derartige Konfrontation greift den Narzissten an seinem empfindlichsten Punkt an, sozusagen am »Herz« seines Egos: »Du bist gar nicht so besonders, wie du denkst.« Die Absicht ist gut, doch man muss realistisch bleiben: Es ist eine Kärrnerarbeit, die Selbstverliebtheit des Narzissten auf normale Maße zurückzuführen. Guter Wille und Hartnäckigkeit allein reichen dafür nicht aus, hier ist auch der Veränderungswille des Narzissten gefragt.

Folgende Verhaltensmuster bestimmen diesen Weg:

- Die Bewunderungsbekundungen und Schmeicheleien einstellen, die bloß der Pflege des Partneregos dienen; keine unterwürfige Ehrerbietung mehr, auch wenn der andere danach verlangt
- Sich nicht mehr in der Pflicht sehen, sein Image aufzupolieren, sich kleiden und verhalten, wie es einem selbst beliebt – ob es dem Stolz des Partners nun zuträglich ist, sei Nebensache

- Kritik oder eine abweichende Meinung nicht unterdrücken, sofern sie angebracht und fundiert ist (als Straf- oder Rachemaßnahme sollte man sie aber nicht einsetzen)
- Bei allem realistisch bleiben: Der Narzisst wird sich kaum je altruistisch verhalten, also sollte man nicht danach verlangen und vor allem nicht darum betteln
- Ganz generell: lieber sagen, was man denkt, und seine Gefühle offen zum Ausdruck bringen
- Der beste Weg, einen manipulativen Stil auszuhebeln, ist es, die Absichten dahinter zu erkennen: »Was führt derjenige im Schilde?« Sobald wir die wahren Absichten eines Narzissten erkennen und entlarven, verliert das manipulative Verhalten seine Wirkung. Sind die Motive erst einmal durchschaut, geht es nur noch darum, sich nicht in das Spiel hineinziehen zu lassen.

Es geht also um entschiedenen und direkten Widerstand. Bist du bereit für diesen harten Weg, oder halten dich Ängste und Unsicherheiten zurück? Willst du den Narzissten tatsächlich auf seinen Platz verweisen oder dich doch lieber weiter in seinem Glanze sonnen? Manch einer schafft es nicht, sich auf Konfrontationskurs zu begeben – aus Abhängigkeit und Angst vor den negativen Reaktionen des Partners, vor allem, wenn es sich seit jeher um eine dominant-unterwürfige Paarbeziehung gehandelt hat. Sich gegen »hochrangige Autoritätspersonen« aufzulehnen ist nicht einfach, denn nach so langer Zeit ist einem die Un-

terwerfung zur Gewohnheit geworden. Sie hat sich in die Festplatte eingebrannt und trübt einem den Blick.
Jemand hat mir die Geschichte von einem kleinen Hund erzählt, der einen gerade geborenen Löwen geärgert hat; er biss ihn, schubste ihn, jagte ihn herum und machte ihm das Leben schwer. Als der Löwe ausgewachsen war und sich in ein riesiges Tier verwandelt hatte, das alle Welt mit seiner gewaltigen Mähne und seinem furchterregenden Gebrüll in Panik versetzte, ängstigte er sich sonderbarerweise noch immer vor dem mickrigen Hündchen. Schon wenn er es von Weitem sah, schwitzte er Blut und Wasser. So aberwitzig und irrational ist manche Konditionierung. Möglicherweise bist du ein Löwe oder eine Löwin, der oder die gar nicht weiß, dass die Jahre ins Land gegangen sind und du dich nicht mehr vor demjenigen zu fürchten brauchst, der dich einmal beherrscht hat.

Bis wohin lässt sich verhandeln?

Zu lieben und nicht wiedergeliebt zu werden, zu geben und nichts zu empfangen, manipuliert zu werden und sich als Objekt zu fühlen, das alles ist inakzeptabel, wollen wir uns nicht als Opfer einer krankhaften Liebe sehen. Alles, was unsere physische oder seelische Integrität verletzt, sollte aus einer Beziehung verbannt werden. Und wenn die Liebe groß ist? Es geht nicht um Quantität, sondern um Qualität. Es geht nicht darum, *wie sehr* du geliebt wirst, sondern darum, *wie* du geliebt wirst. Eine unerwiderte Liebe ist ungerecht, auch wenn dein Partner nicht ohne dich leben kann und dich braucht wie die Luft zum Atmen.

Kompromisse? Das ist nicht ganz einfach, manchmal stecken wir in der emotionalen Vorhölle und wissen nicht, was zu tun ist. Nachdem ihr Ehemann eineinhalb Jahre in Therapie war, um an seinem narzisstischen Beziehungsstil zu arbeiten, sagte mir seine Frau: »Ich muss zugestehen, dass es sich gebessert hat... Jetzt manipuliert er mich *weniger*, verlangt nicht mehr *ganz so viel* Huldigung und Bewunderung wie vorher... Er gibt sich nicht mehr *gar so* gleichgültig, und wenn er guter Laune ist, sieht er sogar *manchen* Fehler ein... Allerdings frage ich mich, ob ich mich damit abfinden muss, einen ›Mehr-oder-weniger‹-Partner zu haben. Eigentlich habe ich mir etwas anderes im Leben vorgestellt... In Wahrheit ist das Zusammenleben mit ihm nach wie vor schwierig, und manchmal strömt ihm die Überheblichkeit regelrecht aus sämtlichen Poren... Er gibt sich Mühe, aber mittlerweile bin ich diejenige, die die ganze Angelegenheit als problematisch betrachtet, weil ich nicht weiß, ob ich auf Dauer mit so jemandem zusammen sein kann... Ich will entweder ganz geliebt werden oder gar nicht.« Probt meine Patientin den Aufstand? Ist sie intolerant? Nein, sie ist es vielmehr leid, macht sich die Sache bewusst und zieht ihre Grenzen. Emotionale Klarheit, die sich im Laufe der Jahre und der Leidenszeit einstellt.

Für manche ist eine Beziehung zu einem »Mininarzissten«, »Subnarzissten« oder »Halbnarzissten« ertragbar und auszuhalten, für andere ist sie es definitiv nicht. Ein moderater Narzisst richtet natürlich nicht ebensoviel Schaden an wie ein mittlerer oder ein schwerer, auch kann sich sein Beziehungspartner mit seinen Ansprüchen abfinden, ohne schlimme Traumata zu erleiden. Die Frage ist, ob das reicht. Ob es ausreicht, ein erträgliches und »aushaltbares« Dasein anstatt eines schönen und befriedigenden Lebens zu führen, das noch nicht einmal perfekt oder ideal sein muss. Ein junger Mann, der seit einem Jahr verheiratet war, erzählte mir das Folgende: »Ein Psychiater hat mir gesagt, sie sei ›Halbnarzisstin‹, und wenn ich sie wirklich liebte, würde ich ihr Wesen akzeptieren müssen... Der Mann machte mir klar, dass es mit einer ›Vollnarzisstin‹ noch viel schlechter um mich bestellt wäre... Schlechter als was, fragte ich mich? Worin liegt nun der Unterschied, ob ich im Schatten einer Frau stehe, die sich als Göttin betrachtet, oder im Schatten einer Frau, die sich als Halbgöttin betrachtet...? In jedem Fall werde ich der Unterlegene sein! In beiden Fallen werde ich leiden!«
Wer einen narzisstischen Partner hat, muss sich ständig um den Erhalt des eigenen Ich bemühen und darf sich nicht von der Selbstherrlichkeit des anderen unterkriegen lassen. Natürlich legt sich die Seele irgendwann Hornhaut zu, genau wie der Körper, und mit einiger Selbsttäuschung gelingt es einem, Licht im düstersten Tunnel zu sehen. Manche Optimisten gefallen sich in der Rolle des »emotionalen

Umerziehers«, sie versuchen den Narzissten aus seiner Selbstbezogenheit zu locken und sein Ego umzuformen. Ich selbst wäre da zwar nicht so optimistisch, aber es liegt ganz allein bei dir.

Narzisstische Menschen rechtzeitig erkennen

Am Anfang ist man von der Ausstrahlung eines Narzissten geblendet, später erblindet man. Will das egomanische Wesen verführen, so greift es auf zweierlei Taktiken zurück: Zum einen stellt es seine Macht, seine Eleganz und seine Vornehmheit zur Schau, zum anderen verhält es sich ganz entgegengesetzt zu seinem eigentlichen Charakter und zeigt sich milde, einfühlsam und einsichtig. Selbstverständlich lässt sich nicht alles verbergen, und es gibt immer ein paar kleine Indizien, Gesten oder Äußerungen, die bereits deutlich darauf hinweisen, dass bei so viel Herrlichkeit Vorsicht geboten ist. Der Impuls des Egos, sich ins beste Licht zu rücken, ist derart groß, dass er sich kaum unterdrücken lässt. Hier ein paar Hinweise zur Erkennung eines Narzissten, bevor man seinem »Zauber« gänzlich erliegt:

- Er scheint dir zuzuhören, wenn du sprichst, aber sein Geist ist vollständig von seinem eigenen Ego eingenommen. Nach einer Weile kannst du überprüfen, ob die In-

formation bei ihm angekommen ist: Sag noch mal dasselbe, und sehr wahrscheinlich wird er sich nicht daran erinnern, dass du es schon einmal erzählt hast. Was keineswegs ein Anzeichen für Gedächtnisschwund ist, sondern für mangelnde Aufmerksamkeit.
- Die meisten Gespräche werden um ihn selbst kreisen: Seine Geschichte, seine Familie, seine Erfolge, seine Arbeit oder was auch immer. Glaube nicht, dass es sich dabei um Offenheit seinerseits oder um großes Vertrauen dir gegenüber handelt, es ist blanke Egozentrik.
- Sobald du ihm widersprichst oder eine entgegengesetzte Meinung vertrittst, kann er seine Verunsicherung und sein Unbehagen nicht verhehlen. Er wird sein freundlichstes Gesicht aufsetzen, aber innerlich wird er beleidigt sein. Du wirst es merken.
- Er wird bei jeder Gelegenheit Marken zur Schau stellen: bei seiner Kleidung, der Uhr, Schmuck, Schuhen und solcherlei Dingen. Damit will er auf seinen ausgezeichneten Geschmack und seine Exklusivität hinweisen.
- Niemals wird er »Ich weiß es nicht« sagen. Welches Thema du auch aufbietest, stets wirst du einen Gelehrten vor dir haben.
- Seine Lieblingstaktik ist es, dein Ich einzulullen und dich zuzusäuseln. Er wird dir genau das sagen, was du am liebsten hören möchtest, denn er ist äußerst geschickt darin, die Schwachpunkte anderer auszumachen.
- Manchmal verhält er sich anderen gegenüber unwirsch, grob oder unhöflich. Diese Gewohnheit verrät ihn. Es

ist wohl doch nicht so, dass Kleider Leute machen. Wer sich für etwas Besseres hält, wird sich niemals verstellen können.
- Besonderes Interesse wird er an deinen einflussreichen Freunden mit einem gewissen Sozialstatus zeigen.
- Vom ersten Moment an wird er sich über Regeln hinwegsetzen und einen kaum zu verhehlenden Zorn an den Tag legen, wenn er sich fremden Verhaltensmustern beugen soll.

Ratschläge für narzisstisch veranlagte Menschen

Ich weiß nicht, ob du jemals ernsthaft versucht hast, dich in die Lage deines Partners zu versetzen und wirklich zu verstehen, was er oder sie fühlt oder denkt. Das würde bedeuten, dein Ego mal beiseite zu lassen, damit es nicht dazwischenfunkt. Kannst und möchtest du das tun, wirst du dich selbst freier fühlen und der Person, die dich durchs Leben begleitet, glückliche Momente bescheren. Auch wirst du eine gewisse Erleichterung verspüren, für eine Zeit einmal nicht im Mittelpunkt der Aufmerksamkeit stehen zu müssen. Stell dir vor: nichts vortäuschen, mit niemandem wetteifern zu müssen, keine unerreichbaren Ziele weit und breit – bloß du und dein nacktes Ich. Was für eine Ruhe! Du wärest sicherlich überrascht von der Anzahl an Leuten, die dich letztendlich so nimmt, wie du bist. (Vielleicht bist du ja gar nicht so schrecklich, wie es dir dein Unterbewusstsein gelegentlich vorspiegelt.) Gib zu, es ist ziemlich mühsam und gesellschaftlich gar nicht besonders einträglich, ständig nach außen hin ein so großartiges Bild abzugeben. Die Menschen sind nicht so dumm, an das Märchen vom »Gott auf Erden« zu glauben, und sie werden dich hassen. Die Zukunft eines konsequenten Narzissten liegt in der Vereinsamung und der Isolation, die du beide so sehr fürchtest. Überleg dir doch einmal: Wenn du die ersehnte Bewunderung einfach dadurch erreichen könntest, dass du du selbst bist – würde dir das nicht gefallen? Wäre das nicht ein viel verlässlicherer und wahrhaftigerer Triumph?

Dich um andere zu kümmern, heißt nicht, dich automatisch in den heiligen Franziskus oder die heilige Klara verwandeln zu müssen, aber eine Spur Bescheidenheit bekäme dir ganz gut. Wenn Narzissten eine solche Veränderung anstreben, merkt das die Umwelt sofort und – noch wichtiger – sie erkennt es an, denn es offenbart eine liebenswerte Seite an ihnen, die bislang keiner zur Kenntnis genommen hat. Außerdem wirst du beginnen, dich der Welt der Sterblichen zugehörig zu fühlen, und dein Wunsch, dabei sein zu können, erfüllt sich. Womit anfangen? Lerne zu verlieren, die Regeln einzuhalten, anderen deinen Standpunkt nicht aufzudrängen, dich für deinen Nächsten zu interessieren und zuzugeben, dass auch du fehlbar bist. Stell dir mal eine Welt voller Narzissten vor! Würdest du etwa darin leben wollen?

Zurückhaltung bedeutet, sich des eigenen Ungenügens bewusst zu sein. Diese Tugend solltest du dir aneignen und sie pflegen. Keine Sorge, das hat nichts mit Minderwertigkeit oder mangelndem Selbstwertgefühl zu tun. Der Zurückhaltende übertreibt seine Taten nicht, und er schmückt sich auch nicht mit ihnen, er stellt sie nicht heraus und rechnet sie niemandem vor: Er lebt und genießt sie, unabhängig davon, was die anderen sagen.

Du wirst dich fragen, warum du so bist wie du bist. Dafür gibt es einige mögliche Gründe. Vielleicht waren deine Eltern allzu nachsichtig mit dir, haben dich in unangemessener Weise überschätzt oder dich nicht genügend diszipliniert und kontrolliert. Vielleicht haben sie dir nicht beigebracht, wie man mit Enttäuschungen umgeht und seine Gefühle in den Griff bekommt. Vielleicht war deine Kindheit auch von Erfahrungen geprägt, in denen andere ausgebeutet wurden, und du hast gelernt, dass die Manipulation die einzige Überlebenschance birgt. Manche Narzissten entwickeln die genannten Verhaltensweisen, um ihr mangelndes Selbstwertgefühl zu kompensieren; sie gleichen diesen Mangel durch Arroganz aus. Eine weitere mögliche Ursache wäre der Umstand, Einzelkind gewesen und von den Eltern als Prinz oder Prinzessin aufgezogen worden zu sein.

Kurz gesagt: Selbstherrlichkeit ist erworben, und sie fordert einem im Leben ziemlich viel Energie ab, bis man schließlich an einen Punkt gelangt, an dem man ihrer nicht mehr Herr wird. Nur ein professioneller Therapeut kann dir die nötigen Mittel in die Hand geben, um vorwärtszukommen. Das müsstest du auf dich nehmen, wenn du ein normales Leben führen willst, unter dem die Deinen nicht zu leiden haben.

5 Die perfektionistische Liebe

Der zwanghafte Stil

Wenn ihr eure Türen allen
Irrtümern verschließt,
schließt ihr die Wahrheit aus.
Rabindranath Tagore

Soll Eifersucht ein Zeichen der Liebe sein,
dann ist es etwa so wie beim Fieber eines Kranken:
Fieber zu haben ist ein Zeichen von Leben,
aber das eines kranken und siechen Lebens.
Miguel de Cervantes Saavedra

Die perfektionistische Liebe

Ein zwanghafter Mensch vor dem Liebesakt: »Hast du auch die Fenster zugemacht? Ist die Tür abgeschlossen? Bist du sicher, dass die Kinder schlafen? Hast du geduscht? Dir die Zähne geputzt? Wäre der gelbe Schlafanzug nicht schöner? Ich muss noch mal zur Toilette. Stört es dich, wenn ich das Licht ausmache? Du hast doch die Pille genommen, oder? Es ist schon reichlich spät geworden! Und wenn wir es auf nächste Woche verschieben?« Reinster Kontrollwahn. Ein zwanghafter Mensch ist niemals zufrieden, denn es gibt immer etwas, das man hätte besser machen können: Egal wie gewissenhaft du bist, du wirst ihm nie genügen. Es kann ein Fussel sein, eine Falte oder ein schlecht gedeckter Tisch, jeder beliebige Vorwand reicht, um den anderen daran zu erinnern, dass er noch weit entfernt ist vom erwarteten Standard. Aus Angst, etwas falsch zu machen, wird sein Partner zunehmend verunsichert im Leben herumtapsen.

Der perfektionistische Anspruch lässt die Beziehung immer ernster, verbissener und formeller werden, da der Zwanghafte die Spontaneität und Direktheit seines Gefährten als mangelnde Selbstkontrolle begreift. Ich möchte nicht behaupten, glückliche Liebe bedeute pausenlose Euphorie. Aber sie zur niemals endenden Qualitätskontrolle zu machen, ist auch nicht gerade das, was man sich so wünscht. Ein Mensch mit zwanghaftem Beziehungsstil kontrolliert, organisiert und führt Regeln ein, er ordnet und systematisiert alles, was ihm in die Finger gerät – Partner und Kinder inbegriffen. Die Umarmungen müssen »stimmen«, die

Die perfektionistische Liebe

Küsse »perfekt« sein, das ganze Zusammenleben folgt einem ausgeklügelten Regelwerk. Überraschungsmomente, Improvisation und Natürlichkeit stressen ihn und können gelegentlich sogar zum Trennungsgrund werden.

Malena war eine junge und beruflich erfolgreiche Frau, die Marketing studiert und eine gute Stelle bekommen hatte. Sie war kinderlos und seit sieben Monaten verheiratet. Zu mir in die Praxis kam sie wegen anhaltender Rückenschmerzen, Schlafstörungen, Magenbeschwerden und erhöhter Reizbarkeit. Nach wenigen Sitzungen lag der Grund auf der Hand: Malena war außerstande, den Erwartungen des Mannes, den sie liebte, zu genügen, und das setzte sie enorm unter Stress. Nicolás, ihr Ehemann, war als Führungskraft in ihrer Firma auf dem Weg nach oben. Der Mann war ein Paradebeispiel für den zwanghaften Beziehungsstil: detailversessen und höchst anspruchsvoll in jeder Hinsicht. Malena wurde häufig zur Zielscheibe seiner Kritik, weil sie seiner Meinung nach verantwortungslos handelte und zu viele Fehler machte. Nicolás lebte für die Arbeit und verspürte eine besondere Abneigung gegen Spaß und Müßiggang. Außerdem hatte er massive Schwierigkeiten, seine Gefühle auszudrücken, und hielt sie vollständig unter Verschluss, was sich negativ auf das Sexualleben auswirkte. Sein Faible für Disziplin und Ordnung prägte sein gesamtes Auftreten. Einmal beschrieb Malena ihre Beziehung zu Nicolás so: »Er hat überhaupt nichts Gütiges an sich: Ich kann machen, was ich will, immer entdeckt er einen Fehler an mir oder an dem, was ich tue. Ich bin es wirklich leid, dass alles immer geplant und an seinem Platz sein muss... Er ist achtundzwanzig, und mental kommt er mir manchmal vor wie ein Siebzigjähriger. Die paar Freunde, die er hat, sind alle wesentlich älter als er... Eigentlich ist er sehr einsam, aber wen wundert das, wo er immerzu an jedem herumkritisiert... Für sein Alter ist er ganz schön verklemmt! Einmal habe ich mich sehr geschämt, ich hatte mir extra für ihn ein sexy Kleid angezogen, und er hat unfassbar reagiert: Er war beleidigt und sagte, ich käme ihm vor wie eine Hure! Er setzt mich zu stark unter Druck, nie gibt es ein Lob von ihm oder Anerkennung, er ist niemals zufrieden... Sobald er auf Reisen ist, entspanne ich mich: Ich ziehe an, was ich will, bewege mich nach Lust und Laune und sage, was ich denke und fühle, dann bin ich so, wie ich sein will...! Was mich am meisten verletzt ist diese Psychofolter... Neulich habe ich eine andere Schinkensorte gekauft als die, die wir normalerweise immer nehmen, da hat er mir einen Vortrag gehalten über Ausgaben und innere Logik und dann eine Woche lang nicht mehr mit mir geredet...! Und dann gibt es noch ständig Gezerre, weil er sehr geizig ist und ich eher großzügig bin... Keine Ahnung, wie ich mich so habe täuschen können, vielleicht hab ich ihn einfach nicht gut genug gekannt und zu schnell geheiratet, aber eins ist sicher: Wenn er nicht an sich arbeitet, wird es so nicht mit uns weitergehen...« Als Nicolás ahnte, was da gerade passierte, beschloss er, professionelle Hilfe in Anspruch zu nehmen, denn er wollte Malena nicht verlieren. Noch ist er dran.

»Effiziente Liebe« oder »Liebeseffizienz« führen uns unweigerlich in eine Sackgasse der Frustration. Malenas Hauptklage war: »Ich bin ihm einfach nicht gut genug.« Nicolás hatte den Wald vor lauter Bäumen nicht gesehen. Auch wenn es absurd erscheint: Für den zwanghaften Perfektionisten wiegt das Negative mehr als das Positive, beziehungsweise es zieht mehr Aufmerksamkeit auf sich. Malena war eine in jeder Hinsicht bezaubernde Person, doch Nicolás war derart mit der Einschätzung und Beurteilung ihres Verhaltens befasst, dass er das gar nicht genießen konnte. Niemand kann normal funktionieren, wenn er ständig Rechenschaft über die Sauberkeit, das Essen, Kleidung, Ausgaben und solcherlei Dinge ablegen muss. Wer will schon nonstop mit einem Oberaufseher zusammen sein? Wir müssen ja nicht gerade in einem Schweinestall leben, aber wie soll man sich an einem Ort wohl fühlen, der steril ist wie eine Intensivstation? Lieber ab ins Bett als ab in den Operationssaal.

Der Albtraum einer unerbittlichen und pedantischen Liebe

Trägt dir jemand eine solche genaue, knauserige, unflexible, skrupulöse, strenge, moralinsaure, formale, rechtschaffene, regulierte, strukturierte und organisierte Liebe an, dann such das Weite! Im Zustand des verliebten Hochgefühls erkennt man sie womöglich nicht auf Anhieb, und so läuft man schnell Gefahr, sich von dieser geistigen und emotionalen Zwanghaftigkeit einwickeln zu lassen. Zu der großen Überzeugungskraft solcher Menschen kommt noch hinzu, dass alle Welt sie uns als Vorbilder vor die Nase hält.

In hoch entwickelten Gesellschaften werden die Zwanghaften für ihre Disziplin, ihren Autoritätsgehorsam und ihren grenzenlosen Arbeitseifer geschätzt. Die meisten Firmeninhaber werden solche Persönlichkeiten mit Kusshand einstellen, auch wenn man sie eher selten mit echten Führungsaufgaben betraut. Grund dafür ist, dass zwanghafte Menschen (bei allen Vorzügen, die sie bei der Bewältigung konkreter Aufgaben an den Tag legen) häufig größte Schwierigkeiten haben zu delegieren, Entscheidungen zu treffen und Prioritäten zu setzen – alles Grundvoraussetzungen für jeden kompetenten Mitarbeiter in einer hochkarätigen Führungsposition. Im leitenden Management großer Unternehmen wird man daher viel eher auf die Arroganz der Narzissten treffen als auf die Gewissenhaftigkeit zwanghafter Perfektionisten.

Das emotionale Verhaltensmuster des Zwanghaften basiert auf drei unterschiedlichen Bestrafungs- und Abgrenzungsstrategien: »Du machst zu viele Fehler« (Kritik/Schuldzuweisung), »Von nun an entscheide ich« (uneingeschränkte Verantwortung) und »Ich muss meine Gefühle unter Kontrolle halten« (emotionale Abgrenzung). Mit anderen Worten: Geringschätzung, Machtübernahme und Mangel an Zuwendung. Kaum hinnehmbar für jemanden mit einem halbwegs intakten Verstand.

Kritik / Schuldzuweisung
»Du machst zu viele Fehler«

Wenn dein Lebenspartner zwanghafte Merkmale besitzt, bist du für ihn unnütz, inkompetent und verantwortungslos, solange du ihm nicht das Gegenteil beweist. Und um das zu »beweisen«, bleibt dir keine andere Wahl als perfekt zu sein. Eine so gut wie aussichtslose Sache. Die Angst vieler Opfer, derartig kontrolliert zu werden, ist so groß, dass sie lieber selbst zwanghaft werden, als sich der ständigen Überwachung auszusetzen. Eine meiner Kolleginnen schaute beim gemeinsamen Kaffeetrinken erschrocken auf die Uhr und sagte: »Mein Gott, ich muss noch den Abwasch machen, bevor er nach Hause kommt!« Als ich sie bat, noch ein Weilchen zu bleiben, blieb sie hart: »Nein, ich kann nicht... Er wird zum Tiger, wenn zu Hause nicht alles in Ordnung ist...« Rasch bestieg sie ein Taxi und eilte ihren »Verpflichtungen« entgegen; es hätte bloß noch die Polizeisirene auf dem Autodach gefehlt. Um dem Zorn des Ehemanns zu entgehen und ihn bei Laune zu halten, verfolgte sie ihre ganz eigene Überlebensstrategie und schlüpfte in die Rolle der »Hilfs-Zwanghaften«, deren Aufgabe es ist, die Bedürfnisse des »Haupt-Zwanghaften« zu befriedigen. Das stellte sich als Irrweg heraus, denn die

Manien des Mannes verstärkten sich dank der Unterwerfung seiner Partnerin nur noch.
Hinter dem ständigen Kritisieren und dem Druck, alles »in Ordnung bringen zu müssen«, verbirgt sich die Annahme, der andere sei nicht in der Lage, seine Probleme selbst in den Griff zu bekommen. Was wiederum dazu führt, dass die Opfer des zwanghaften Beziehungsstils zunehmend schwächer und unsicherer werden. Ein junger Mann sagte mir bei unserem ersten Treffen: »Ich komme, damit Sie mir erklären, warum ich so ein Idiot bin, meine Freundin behauptet nämlich, ich sei der tölpelhafteste und nutzloseste Mensch auf dem Planeten... Sie hat es mir so oft gesagt, dass ich es inzwischen selbst glaube.« Natürlich war er das nicht!
Interessanterweise machen Lebenspartner von zwanghaften Menschen häufig Fehler aus Angst, etwas falsch zu machen. Der Teufelskreis funktioniert so: Je größer die Angst ist, etwas falsch zu machen, desto schlechter sind die Resultate (unter dem Einfluss von Angst nimmt die Leistungsfähigkeit rapide ab); je schlechter das Resultat ist, desto größer ist das Gefühl der eigenen »Nutzlosigkeit«; das lässt die Angst weiter anwachsen und das Ergebnis schneidet noch schlechter ab. In dieser selbstzerstörerischen Spirale überlagert die Angst die Liebe so lange, bis sie sie schließlich erstickt hat. Zwanghafte Menschen besitzen diese seltsame Gabe: Indem sie auf die höchsten Höhen abzielen, reduzieren sie die Liebe auf den Tiefstand.

Uneingeschränkte Verantwortung
»Von nun an entscheide ich«

Der Glaube, der Partner sei nicht tüchtig genug, und die eigene Unfähigkeit zu delegieren treiben viele zwanghafte Menschen dazu, die Führung zu übernehmen und sich selbst um sämtliche Beziehungsbelange zu kümmern: um Bankangelegenheiten, Reparaturen, die Wohnungseinrichtung, Urlaubsplanung, Freizeitaktivitäten, Kindererziehung, die Steuer, kurzum: Jeder Vorgang und jede Entscheidung muss den allerhöchsten Kriterien genügen. Diese »Machtübernahme« zugunsten des besten Ergebnisses hat mindestens zwei negative Konsequenzen für jede Liebesbeziehung. Erstens: Bestimmt einer allein sämtliche Abläufe innerhalb einer Beziehung, wird die Meinung des anderen übergangen beziehungsweise gar nicht erst zugelassen. Das zementiert seine scheinbare »Unfähigkeit« und zwingt ihn in eine schmähliche Nebenrolle – eine Umbesetzung, die nicht aus freien Stücken geschieht und zwangsläufig zu Frustration, Wut und Verbitterung führt. Zweitens, und hier hat sich der Zwanghafte verrechnet: Das Entscheidungsrecht »über alles« an sich zu reißen heißt, die Alleinverantwortung zu übernehmen. Was wiederum bedeutet, dass man sich nicht länger über die Unzulänglichkeiten des Partners aufregen kann, sondern die zwanghaften Maßstäbe an sich selbst anlegen muss. Der Anspruch verwandelt sich in einen Selbstanspruch, die Kritik in Selbstkritik und die Bestrafung in Selbstbestrafung. Sich selbst gegenüber Rechenschaft ablegen zu müssen, kann aber ebenso belastend oder sogar noch belastender sein, als einem anderen Rechenschaft ablegen zu müssen.

Eine wichtige Schlussfolgerung ist, dass der zwanghafte Mensch – sei er es nun erklärtermaßen oder ganz im Stillen – niemals seinen Führungsanspruch abgeben wird, weil er glaubt, niemand könne es besser machen als er selbst. Sein Beharrungsvermögen und eine gewisse Selbstüberschätzung verhindern, dass er seine eigenen Grenzen erkennt. Ein besonders zwanghaft veranlagter Mann erzählte mir von den »großen Fortschritten«, nachdem er die Kontrolle über sämtliche Haushaltsbelange übernommen hatte: »Es ging nicht mehr anders... Sie hat alles schleifen lassen, und es wurde ständig improvisiert... Nichts war anständig geplant, und es herrschte das vollkommene Chaos. Wir haben zum Beispiel viel zu viel Geld für Lebensmittel ausgegeben, die wir anschließend wegschmeißen mussten. Ich habe also erst einmal einen Wochenspeiseplan mit exakten Mengenangaben gemacht und so der Verschwendung entgegengesteuert. Einen ebensolchen Plan habe ich jeweils für die Hausaufgaben-, Fernseh- und Spielzeit der Kinder aufgesetzt. Jetzt ist alles bestens organisiert, und unsere Lebensqualität hat sich erheblich verbessert.« Seine Ehefrau war da nicht ganz seiner Meinung, ich nehme an, die Kinder auch nicht. In einer Sitzung berichtete mir die Frau traurig: »Seitdem er sich um alles kümmert, reicht mir das Geld für gar nichts mehr. Jeden Tag wird das Essen schlechter, und die Kinder kommen mir schon vor wie Automaten... Sämtliche Freude ist bei uns zu Hause verschwunden...« Wir erinnern uns, dass zwanghafte Menschen ziemlich geizig sind, weswegen es unweigerlich zu tiefen Budgeteinschnitten kommt, sobald man ihnen die Geldgeschäfte überlässt.

Emotionale Abgrenzung
»Ich muss meine Gefühle unter Kontrolle halten«

Eine der schlimmsten Ängste zwanghafter Menschen überhaupt ist, sie könnten sich in furchtbare Schwierigkeiten bringen oder absolut lächerlich machen, wenn sie die mentale Kontrolle über ihre Gefühle aufgeben. Dieser Rationalitätswahn bringt sie dazu, ihr Innenleben komplett abzublocken und ihre Emotionen auf Eis zu legen.
Sich in einen zwanghaften Menschen zu versetzen ist, als würde man in eine Ritterrüstung steigen. Die zwanghafte Persönlichkeit ist umzingelt von einer Unzahl von Imperativen, die es ihr unmöglich machen, emotionale Vorstöße zu unternehmen und ihre Gefühle gegenüber anderen zu äußern. Das gilt sogar gegenüber Menschen, die ihr vermutlich am Herzen liegen. Ihr falsch verstandener Stoizismus lässt sie im Glauben, dass »Leben Leiden« bedeute, weswegen jeder überschwängliche Ausdruck von Freude sofort als Zeichen von Schwäche oder Geschmacklosigkeit interpretiert wird. Kein Wunder, dass sich ihre Le-

benspartner angesichts eines solchen Verteidigungsapparats vernachlässigt fühlen und an der Möglichkeit zweifeln, dass ihre Liebe noch einmal erfüllend werden könnte.
Emotionale Rigidität ist auch der Hauptgrund für die Sexualproblematik zwanghafter Menschen. Das Unbehagen, das ihnen jeder Gefühlsausdruck verursacht, mangelnde Spontaneität und die Angst vor Kontrollverlust führen zu einer Minderung des sexuellen Begehrens und zu Orgasmusschwierigkeiten. Was verständlich ist, geht man einmal davon aus, dass während des sexuellen Höhepunktes Raum- und Zeitgefühl (siehe Einstein) völlig durcheinandergeraten und die Benimmregeln sich in absoluter Anarchie (siehe Bakunin) auflösen. Anders gesagt: Das sexuelle Begehren eines zwanghaften Menschen steht fast ständig unter Quarantäne.

Zwanghafte Beziehungen – die Gründe

Der Reiz einer »guten Partie«

Von einem zwanghaften Menschen kann man sich durchaus angezogen fühlen, denn viele seiner zuvor erwähnten Verhaltensmuster gelten in unserer Gesellschaft als wünschenswert und sind hoch angesehen. Verantwortungsgefühl, ein strenger ethisch-moralischer Standpunkt und Tüchtigkeit erscheinen manchem verlockend, der nach einer konventionellen Beziehung strebt. »Seriosität« gilt in vielen Gesellschaftskreisen nach wie vor als Tugend. Fügt man dem bisher Genannten noch eine Prise wirtschaftlicher Solvenz bei, ist das Festmahl komplett.

Von diesen »Vorzügen« ausgehend, lassen sich drei mögliche Grundbedürfnisse ausmachen, die den Bindungswunsch mit einer zwanghaften Persönlichkeit motivieren: »Ich brauche einen tüchtigen Menschen an meiner Seite« (Inkompetenz/Scheitern), »Ich brauche jemanden, der mir den rechten Weg weist« (unzureichende Selbstkontrolle) und »Ich brauche einen sehr verlässlichen und vertrauenswürdigen Partner« (Verbindlichkeit/Treue).

Inkompetenz/Scheitern

»Ich brauche einen tüchtigen Menschen an meiner Seite«

Jeder Mensch, der sich selbst für unfähig hält, träumt davon jemanden zur Seite zu haben, der tatkräftig und mit Fleiß all seine Probleme löst. Menschen mit perfektionistischer Ausrichtung ziehen Menschen, die sich nutzlos fühlen, an wie Motten das Licht. Wie kann man den magischen Worten eines wirklich Zwanghaften widerstehen? »Mach dir keine Sorgen, lass mich das machen« oder »Ich kümmere mich darum, vertraue mir«. Die Verheißungen eines Retters oder einer Retterin, der oder die einen von der eigenen Unzulänglichkeit erlöst.

Schwierig wird es erst später, nämlich dann, wenn die anfängliche Freude und Erleichterung in ein Überwacht- und Kontrolliertsein umschlägt. Das geschieht nämlich, sobald der »Fehlerausräumer« im Schutze seiner guten Ratschläge zum übelsten Buchprüfer wird.
Ein deprimierter Patient erklärte seine Ernüchterung angesichts des neuen Verhaltens seiner Partnerin so: »Worin ich am Anfang so verliebt war, das zerstört mich jetzt... Bevor ich sie kennenlernte, hatte ich das Gefühl, ich mache alles falsch, ich betrachtete mich selbst als Versager, hegte aber immer die Hoffnung, dass es sich irgendwann schon zum Guten wenden würde... Jetzt bin ich noch schlechter dran, jeden lieben Tag hält sie mir vor, ich müsse mich bessern und sei noch himmelweit entfernt von ihrem Männerideal. Das bringt mich schier zur Verzweiflung...« Man bedenke, welche grausame Dynamik sich hinter solchen Beziehungen verbirgt: »Ich gehe eine Beziehung mit einem äußerst tüchtigen Menschen ein, den ich bewundere und der mir das Gefühl von Sicherheit gibt, aber anstatt mir die Angst zu nehmen, ständig etwas falsch zu machen, entpuppt er sich als mein ärgster Kritiker.« Es ist, als wollte man vor dem Raubtier fliehen, indem man Schutz in seiner Höhle sucht. Unter der erdrückenden Last der Vorwürfe, der Regeln und der Kontrolle wird das Gefühl der eigenen Unfähigkeit und des Scheiterns noch um ein Vielfaches verstärkt, und es passiert genau das, was man unbedingt vermeiden wollte.

Unzureichende Selbstkontrolle
»Ich brauche jemanden, der mir den rechten Weg weist«

Für das Verlangen nach einer raffinierteren Version des Retters oder der Retterin sind vor allem Menschen anfällig, in deren Leben es längere Phasen von Disziplinlosigkeit und Ausschweifungen gegeben hat und denen klar geworden ist, dass sie zur Vernunft kommen und einen Kurswechsel vornehmen müssen. Der Partner übernimmt hier die Rolle des Therapeuten, der mit gutem Beispiel auf dem Weg der Vernunft und der Mäßigung voranschreitet. Wer hat nicht schon einmal folgende Liebes- und Dankbarkeitsbekundung gehört: »Bevor ich dich kennenlernte, war mein Leben ein Chaos. Dank dir bin ich heute ein anderer Mensch.« Jemandem, der seine Schuldgefühle loswerden und sein Fehlverhalten in den Griff bekommen will, wird ein regelkonformer Mensch Gelegenheit zur Läuterung, Gewissensprüfung und »Neuformatierung der Festplatte« geben.

Ich kenne zahlreiche Damen, die ihren Schwiegertöchtern äußerst dankbar dafür waren, ihre Söhne vor dem Suff, den Drogen oder dem Jüngsten Gericht bewahrt zu haben. Eine beträchtliche Anzahl dieser Erlöserinnen legt einen eindeutig zwanghaften Stil an den Tag. Sicher gibt es auch die männlichen Samariter, die aus der Bahn geratene Frauen auf den rechten Weg zurückführen, doch in meinem Berufsleben habe ich weitaus mehr Frauen als Männer in dieser Rolle angetroffen. Für die Rolle des Wohltäters oder emotionalen »Umerziehers« ist niemand besser geeignet als ein Mensch, der organisiert, diszipliniert, kontrolliert und alle anderen »iert«s verkörpert, die zum zwanghaften Profil gehören.

Verbindlichkeit/Treue

»Ich brauche einen sehr verlässlichen und vertrauenswürdigen Partner«

Menschen, die ihre Ankündigungen und Versprechen einhalten, sind vertrauenerweckend. Wir erwarten, dass andere uns ernst nehmen und ihr Wort halten, egal ob es sich um eine Zufallsbegegnung, ein flüchtiges Liebesabenteuer oder eine feste Beziehung handelt: Verantwortungsbewusstsein ist ein ethisches Prinzip, das in keiner Art von Verbindung fehlen darf, weil es uns garantiert, respektiert zu werden. Nun, darin sind die meisten zwanghaften Menschen Experten. Abgesehen von ihrem überaus großen Verantwortungsgefühl sind sie in der Regel auch treu. Sie wirken verlässlich und scheinen eine gewisse moralische Basis zu haben. Das macht sie sehr anziehend für alle, die emotionale Hingabe schätzen oder sie zur Heilung alter Wunden benötigen.

Eine Frau, die einer passiv-aggressiven Beziehung entkommen war, berichtete mir begeistert von den Vorzügen ihrer neuesten Eroberung: »Ich kann es eigentlich gar nicht recht glauben... Ich hatte schon kein Vertrauen mehr in die Männer, aber dieser hier ist es wirklich wert: Er ist verantwortungsbewusst, achtsam, verbindlich, kommt nie zu spät, ist aufmerksam und geht auf meine Bedürfnisse ein. Er ist nicht so egoistisch wie mein Ex. Dass das Leben mir noch mal ein solches Geschenk bereitet…!« Ihre Euphorie war nachvollziehbar. Nach dem passiv-aggressiven Albtraum war der Kontrast unbestreitbar: »Ein Mann, der sich um mich kümmert und der sein Wort hält!« Dennoch können sich, wie wir vorher gesehen haben, selbst Verantwortungsgefühl und Verlässlichkeit in strenge und erdrückende Verhaltensweisen verwandeln, die den Partner am Ende seelisch zerstören. Man muss sich darüber klar sein, dass der Zwanghafte genau das von einem verlangt, was er auch gibt – bloß um ein Zehnfaches multipliziert. Was es sehr wahrscheinlich werden lässt, dass das Verantwortungsgefühl, das wir so an ihm oder an ihr schätzen, sich schlussendlich gegen uns wendet. Zwanghaftes Verantwortungsgefühl (kalt und streng) ohne ein Gegengewicht aus Zärtlichkeit oder mentaler Flexibilität wird unweigerlich zu einer Art Folter.

Ist eine gesunde Beziehung mit einem zwanghaften Menschen möglich?

Es ist nicht einfach, mit jemandem zusammenzuleben, der einen die ganze Zeit über beurteilt und einem Höchstleistungen abverlangt. Darin liegt nämlich eine ungeheure Anmaßung. Ein zwanghafter Mensch glaubt, er habe immer recht, und er wird sich – wie jeder Dogmatiker – nicht leicht von seiner Meinung abbringen lassen, geschweige denn an sich selbst zweifeln. Sobald du dich auf Diskussionen mit ihm oder ihr einlässt, wirst du also auf eine Wand an Begründungen und unerschütterlichen Glaubenssätzen stoßen. Die zwanghafte Liebe ist eine Liebe, die in Routine und Normen erstarrt, eine Liebe, die nicht fließt und sich nicht erneuert. Da gibt es nicht viel zu überlegen: Entweder du reißt den Damm ein, oder es zieht dich mit hinunter.

Emotionale Überlebensstrategien

Angesichts der »mentalen Stärke« und der unbestechlichen Disziplin des zwanghaften Individuums können ihre Partner zwischen zwei verschiedenen Vorgehensweisen wählen: Entweder sie liefern sich der Überwachung des anderen aus oder sie durchbrechen die Kontrolle und überlassen den weiteren Verlauf dem natürlichen Lebensdurcheinander. Betrachten wir die beiden Varianten.

Sich der Überwachung ausliefern und die Liebe reglementieren

Diese Vorgehensweise hat zwei Facetten. Bei der ersten, bereits erwähnten, läuft es auf die Anpassung an den Partner hinaus. Wie beim Stockholm-Syndrom identifizieren sich manche Opfer letztendlich mit ihren Entführern, in diesem Fall eher ihrem Inquisitor, der über ihr »Wohlverhalten« wacht, sie steuert und kontrolliert. Folgende Überlegung liegt hier in etwa zugrunde: »Ich bin nicht in der Lage, von ihm wegzugehen, also tue ich lieber, was er von mir verlangt, und beklage mich nicht.« Dieses Sich-selbst-Ausliefern an den Zwanghaften kann bewusst oder unbewusst vonstatten gehen.

Die zweite Facette besteht darin, der seelischen Grausamkeit der zwanghaften Liebe subtil entgegenzusteuern. »Vorsichtig« den normativen Zwang und die Regelungswut des Partners auszugleichen, indem man das eigene Verhalten geduldig erklärt und ihn gleichzeitig um jeden Preis beschwichtigt. Die Taktik ist folgende: »Wenn mein Partner maßregelnd ist, bin ich *ein wenig* unkonventionell; wenn er streng ist, versuche ich *etwas* gute Laune in die Sache zu bringen; gegenüber seinem Dogmatismus werde ich *ein bisschen* flexibler sein; wenn er so stark auf die Feh-

ler anderer fixiert ist, erlaube ich mir eben *gelegentlich* einen Schnitzer.« Der Gedanke besteht darin, mit Seidenhandschuhen und dem Tropfenzähler kleinste Dosen an Befreiung zu verabreichen, damit der andere sich nicht wirklich ändern muss. Eine Form des Selbstbetrugs, der die Illusion aufrechterhält, es sei doch alles gar nicht so schlimm. Das ist, wie unter Wasser durch ein Röhrchen zu atmen, damit man nicht erstickt, anstatt an die Oberfläche zu kommen und tief Luft zu holen.
Betrachten wir einige Verhaltensmuster dieser Haltung:

- Tolerant sein und den zwanghaften Partner einfach gewähren lassen; gute Miene zum bösen Spiel machen und der Lage mit Humor und Geduld begegnen; flexibel mit der Starrheit des Gegenübers umgehen, um Konfrontationen zu vermeiden
- Ein Leben fast ohne Veränderungen und Neuerungen führen, damit der Partner nicht in Stress gerät
- Keine großen Gefühlsbekundungen erwarten und auf ein spannendes, abwechslungsreiches Sexualleben verzichten; widerstehen, ohne den Mut zu verlieren, und sich abfinden
- Jedem Machtkampf aus dem Weg gehen, da zwanghafte Menschen in der Regel sehr redegewandt sind; jede Diskussion macht sie nur stärker – wenn sie nicht gewinnen, endet es bestenfalls ausgeglichen
- Sie verstehen und sich ihrer Meinung anschließen oder, wenn die Liebe groß ist, die Rolle des »Hilfs-Zwang-

haften« annehmen und einen eigenen Lebensstil daraus machen
- Es dem Partner überlassen, sich um die Details zu kümmern
- Fehler tunlichst vermeiden
- Ein sparsames Leben ohne unnötige Ausgaben führen
- Dem Müßiggang eine Absage erteilen und sich dem Arbeitswahn widmen

Ich glaube nicht, dass die blinde Unterwerfung unter den zwanghaften Stil dich glücklich machen wird, auch wenn einige seiner Opfer so tun, als fänden sie Gefallen daran, als Gefangene in einem Dschungel von Normen, Stundenplänen und Listen jeglicher Art zu leben.

Die Zwangsansprüche zurückweisen und Unordnung in den Alltag einkehren lassen

Falls du den Wunsch hast, den Perfektionismus des Menschen, den du liebst, in seine Schranken zu verweisen, musst du mit starker Gegenwehr rechnen. Widersetzt du dich der Obsession des anderen und lieferst ihn Hals über Kopf der ganz normalen Unordnung des Lebens aus, gerät er mächtig unter Druck. Der Zwanghafte wird seine Sicherheitsanker in Gefahr sehen und um jeden Preis versuchen, seine Lebensform zu verteidigen – zur Not, indem er dir aus dem Weg geht und die Beziehung abbricht.

Sein Hang zu Systematisierung und Kontrolle kann sich als größer erweisen als seine Liebe zu dir. Wenn du ihn sabotierst, erklärst du ihm den Krieg.
Diese Haltung ist zum Beispiel durch folgende Verhaltensweisen geprägt:

- Spontanes und unvorhersehbares Handeln
- Sich von Gefühlen leiten lassen, anstatt ausschließlich von Logik und Verstand
- Über einen Teil des Geldes nach eigenem Gutdünken verfügen
- Sich nicht um jede Kleinigkeit scheren und Improvisationen zulassen
- Humor und das Lachen nicht unterdrücken und durchaus einmal über die Stränge schlagen
- Den Müßiggang als wertvolle und konstruktive Option nutzen
- Sich nicht mit einem langweiligen und beschränkten Sexual- und Gefühlsleben begnügen, sondern auf die entsprechende Dosis an Liebe und Zuwendung pochen
- Selbst Entscheidungen treffen und gemeinsame Unternehmungen planen, auch wenn der andere diese Aufgaben nicht abgeben will
- Ganz normale Fehler begehen, ohne sich dafür zu entschuldigen oder sich zu verpflichten perfekt zu sein

Jede einzelne dieser Verhaltensweisen wird ein Stich ins Herz des zwanghaften Menschen sein. Eine nicht wieder gutzumachende Missachtung seiner »guten« und »empfehlenswerten« Angewohnheiten, ein verantwortungsloser Akt ohnegleichen. Es wird zur existenziellen Krise kommen, denn du hältst ihm die Defizite und irrationalen Ängste vor Augen, die direkt mit seinem Beziehungsstil zusammenhängen. Von heute auf morgen verwandelst du dich in eine verachtenswerte Person. Ein zwanghafter Patient, dessen Ehefrau eine solche »Chaosrevolte« angezettelt hatte, sagte mir in einer Mischung aus Traurigkeit und Empörung: »Die Sache ist gelaufen, sie hat mich nicht verdient, und basta.« Ich fragte ihn, ob er sich nicht einmal überlegt habe, dass die Frau vielleicht auch irgendwo recht haben könnte, und er antwortete: »Mit dieser Sorte von Frau kann ich nicht verhandeln. Sie zerstört mein Leben, das tun nur schlechte Menschen.« Wer nicht *für* mich ist, ist *gegen* mich – das ist die Faustregel eines autoritären Geistes.

Bis wohin lässt sich verhandeln?

Wenn man sich einem zwanghaften Menschen konstruktiv annähern will, muss man einen Mittelweg finden: Weder Ergebenheit noch Provokation sind angebracht, am besten sind rationale Übereinkünfte und eine spezielle Therapie. Der Vorteil bei Zwangsstörungen ist – im Unterschied beispielsweise zum Narzissmus oder antisozialen Verhaltensweisen –, dass das zwanghafte Individuum selbst beträchtlich unter seiner Wesensart leidet und daher leichter geneigt ist, professionelle Hilfe zu suchen. Bei leichteren Fällen habe ich in meiner Praxis erhebliche Verbesserungen erlebt, vor allem, wenn die Liebe des Zwanghaften zu seinem Partner oder der Partnerin sehr groß ist und er sie oder ihn nicht verlieren möchte. Der Veränderungswunsch beruht hier ja nicht auf mangelnder Liebe oder Liebesfähigkeit, sondern auf den irrationalen Ansprüchen, die diese Menschen einem aufzuerlegen versuchen. So liegt beispielsweise ihre geringe Bereitschaft zu Liebesbekundungen viel eher in emotionaler Selbstkontrolle begründet als in mangelnder Liebe an sich. Unter guten Voraussetzungen kann also der Therapeut nach und nach das perfektionistische Anspruchsdenken des Patienten etwas lösen und ihm eine neue Sicht auf die Welt eröffnen. Gleichzeitig zeigt er dem Paar unter anderem Möglichkeiten der Angstbewältigung sowie Problemlösungsstrategien auf. Mit Sicherheit wird aus deinem zwanghaften Partner niemals ein lebenslustiger Abenteurer oder ein extrovertierter Chaot, aber sehr wahrscheinlich kannst du seinem trockenen Verstand eine Prise Emotionalität beifügen und so seine Steifheit etwas auflockern.

Sobald Ordnungswahn und Geiz zugunsten von mehr Gefühl in den Hintergrund treten, kann sich die Beziehung mit etwas Geduld erneuern. Eine Frau fasste die Erfolge ihres Mannes nach knapp einem Jahr Therapie so zusammen: »Ja, bei ihm ist schon viel passiert, er hat einer Umverteilung der Ausgaben zugestimmt und überprüft nicht

Die perfektionistische Liebe

mehr ständig den Sauberkeitszustand des Hauses oder sortiert Sachen. Er sieht nicht mehr alles so eng und ist auch bei den Stundenplänen flexibler geworden... Die Beziehung hat sich wirklich verbessert... Zwei Dinge fehlen allerdings noch: dass wir mehr miteinander lachen und auf andere Art Sex haben...« Als ich sie fragte auf »welche Art«, antwortete sie: »Ich will ja gar nichts Ausgefallenes, aber ich will es nicht immer am selben Ort haben, in derselben Stellung, am selben Tag, zur selben Stunde...« In einer späteren Sitzung, als ich ihm von den Wünschen seiner Frau berichtete, erklärte mir der Mann, diese Punkte wären nicht verhandelbar, da er sonst keine Erektion hätte und nicht zum Orgasmus kommen würde. Hinter dieser Blockade steckten ein kurioses Ritual und eine Unzahl von Sicherheitsankern, die allein ihn auf diese Weise funktionieren ließen. Im Laufe der Zeit und unter reichlichen Bemühungen seinerseits gelang es ihm jedoch, auch andere Positionen auszuprobieren und das Datum zu variieren; die Uhrzeit und der Ort aber blieben unverrückbar. Jeder entscheidet selbst, wie weit er geht und was er aufgeben mag. Dass Würde und Selbstwertgefühl niemals verhandelbar sind, darüber sind sich die Psychologen einig, denn auch die Liebe hat ihre Grenzen. Die Entscheidung liegt also bei dir.

Zwanghafte Menschen rechtzeitig erkennen

Bei allem bisher Gesagten glaube ich, dass bereits ziemlich klar geworden ist, worauf man sich bei einem zwanghaften Menschen einlässt. Dennoch werde ich die wichtigsten Aspekte aufzeigen, die man bei den ersten Treffen im Auge behalten muss, um das fragliche Muster auszumachen. Vergiss nicht, dass du es mit »einer guten Partie« zu tun hast: strotzend vor offensichtlichen Tugenden und äußerst attraktiv für eine Ehe. Ich erinnere daran, dass es dem Zwanghaften nicht an Qualitäten mangelt; sein Problem ist es eher, dass er diese Qualitäten bis ins Letzte ausreizt, er übertreibt sie, und damit verwandeln sie sich in Untugenden. Arbeiten ist gut, arbeitssüchtig zu sein nicht. Ordnungssinn gibt einen gewissen Halt, sich sklavisch an Regeln zu halten, ist eine Krankheit. Es ist sicherlich gut, gewisse Dinge ernst zu nehmen, aber längst nicht alle. So lässt sich für jede Eigenschaft einer zwanghaften Persönlichkeit auch ihr Extrem aufzeigen. Einige der folgenden Verhaltensmuster könnten dir als Kennzeichen dienen.

- Kein Fehler, den du machst, wird ihm entgehen, selbst wenn er ihn nicht kommentiert.
- In einem Restaurant oder Hotel wird er sich über den Service beschweren und eher die Mängel als die Qualitäten sehen.

- Seine Aufmerksamkeit liegt auf dem Detail, die Gesamtheit verliert er leicht aus den Augen.
- Du wirst eine übermäßige Betonung des Verstandes bemerken und einen Mangel an Emotion: Alles wird erst einmal durchrationalisiert.
- Du hast das Gefühl, einen Moralisten vor dir zu haben.
- Sobald du in irgendeiner Weise die Norm sprengst, wirst du als potenzielle Gefahr eingestuft.
- Beim Essengehen wird er tausendmal die Rechnung überprüfen.
- Er kann es nicht ertragen, wenn die Dinge nicht an »ihrem Platz« stehen. Sein Äußeres und sein Verhalten sind äußerst korrekt.
- Um alles wird er sich kümmern, dir raten, was du tun sollst, und selbst die Führung übernehmen.
- Nichts wird er dem Zufall oder der Improvisation überlassen, alles ist bis ins Letzte geplant.
- Er wird stets wie aus dem Ei gepellt wirken, sich mit Bedacht kleiden und bewegen.
- Autoritäten gegenüber wird er sich unterwürfig verhalten.

Ratschläge für zwanghaft veranlagte Menschen

Sei dir über eines im Klaren: Deine Wesensart verursacht Stress, und solange du dich nicht änderst, zahlen die Menschen an deiner Seite dafür einen sehr hohen seelischen Preis. Wie willst du eine Liebesbeziehung intakt halten, wenn du den geliebten Menschen einsperrst und unter Aufsicht stellst wie ein Versuchskaninchen? Niemand kann Bevormundung und Krittelei auf Dauer ertragen, nicht einmal du selbst. Es gibt zwei natürliche Reaktionen auf deinen Perfektionswahn: ständige Gereiztheit oder Flucht.

Um dein eigenes Leben umzukrempeln, müsstest du deine Werte neu strukturieren und einsehen, dass Glück nichts mit absoluter Sicherheit oder Höchstleistungen zu tun hat. Gibt es etwas Schädlicheres für die Liebe als die zwanghafte Dreifaltigkeit von kategorischem Imperativ, Regelungswut und Genauigkeitswahn? Das Gegenteil bringt Ruhe in jede Beziehung: Spontaneität, die Freiheit zu wählen und das Recht, Fehler zu machen, ohne dafür bestraft zu werden. Die schönsten Momente im Leben sind die, in denen der Geist befriedet ist und sich wenig oder gar nicht um die Zukunft und die Vergangenheit schert, den beiden Orten, an denen du die meiste Zeit verbringst. Handelt es sich bei dir um einen schwereren oder mittelschweren Fall, dann solltest du mit professioneller Hilfe deine Wahrneh-

mung verändern. Lerne flexibler zu sein, die Dinge nicht so wichtig zu nehmen, weniger zu verallgemeinern und die Angst vor Kontrollverlust in den Griff zu bekommen. Es geht um deine Befreiung! Die Kontrolle aufzugeben ist manchmal sehr wohltuend, du lernst, wie man Gefühlen mehr Raum gibt und wie man im besten Sinne »Zeit verschwendet«. Für deinen Geldbeutel mag das nicht sehr einträglich sein, für deine seelische Gesundheit und für die Menschen, die du magst, ist es das aber ganz bestimmt.
Möglicherweise spielten bei deiner Erziehung Bestrafung und extreme Härte eine wesentliche Rolle, und für deine Eltern galten Tüchtigkeit und Selbstdisziplin als wichtigste Tugenden. Die Verinnerlichung solcher strikter Muster verursacht Angst, sobald moralische und psychologische Regeln gebrochen werden. Prinzipienreiterei ist jedoch genauso schädlich wie Prinzipienlosigkeit. Vielleicht wurden in deiner Vergangenheit auch ausgesprochen perfektionistische Maßstäbe an dich angelegt, ob real oder bloß in deiner Vorstellung. Anders gesagt: War deine Erziehung von Verantwortungswahn und der Ablehnung jedes natürlichen Impulses geprägt, so hat sich deine Persönlichkeit eingekapselt. Nimm dich selbst nicht so ernst: Förmlichkeit in zwischenmenschlichen Beziehungen lässt die Liebe erlöschen, spielerische Respektlosigkeit belebt sie.

6 Die gewalttätige Liebe

Der antisozial-streitsüchtige Stil

Sind Sie ein Teufel? Ich bin ein Mensch.
Und habe daher alle Teufel in meinem Herzen.
Gilbert Keith Chesterton

Man ist niemals entschuldbar, wenn man böse ist,
aber es liegt ein gewisses Verdienst darin,
zu wissen, dass man es ist…
Charles Baudelaire

Der antisoziale Stil ist eine Form der Antiliebe (eine weitere findet sich, wie wir später sehen werden, im schizoiden Stil). Bestimmten Fachphilosophen zufolge liegt dem Charakter einer antisozialen Persönlichkeit eine »Bosheit des Wesens« zugrunde, die jegliche Art emotionaler Annäherung verhindert. Vom ethischen Standpunkt aus werden Antisoziale als Personen betrachtet, die nicht in der Lage sind, die Rechte anderer anzuerkennen. Nicht gerade ein Empfehlungsschreiben für einen potenziellen Beziehungsanwärter. Hinzu kommt, dass diese Individuen dazu neigen, die gesellschaftlichen Normen zu verletzen, übermäßig impulsiv sind, verantwortungslos handeln und häufig betrügerische oder sonstwie gesetzwidrige Verhaltensweisen an den Tag legen. Was dabei eigentlich überrascht ist, dass sie trotzdem Lebenspartner finden, heiraten und Kinder in die Welt setzen.

Geht es beim paranoiden Stil darum, wie man »mit dem Feind lebt«, handelt es sich hierbei um das »Überleben mit dem Raubtier«. Ich spreche hier nicht von Serienmördern, sondern von Menschen mit antisozialem Beziehungsstil, die von unserer Gesellschaft in der Regel als harmlos eingestuft werden, während sie im Grunde genommen eine Bedrohung für die Menschheit darstellen. Völlig egal, in welcher Rolle sie auftreten: als Mörder mit Samthandschuhen, Gefahrenjunkies, Maulhelden, Tollkühne oder Schmarotzer, immer tragen sie den Nukleus zwischenmenschlicher Zerstörung in sich, stets machen sie sich andere zunutze – und mögen sie dabei auch noch so sehr ihre Liebe beteuern.

Die gewalttätige Liebe

Carmen lernte Antonio kennen, als sie gerade Anwältin geworden war. Er war Universitätsprofessor und zwanzig Jahre älter als sie. Dass der Mann schon dreimal verheiratet war und vier Kinder aus diesen Ehen hatte, spielte für Carmen keine Rolle, denn sie war fasziniert von Antonios risikofreudiger und unerschrockener Art. Was sie in einem späteren Gespräch auch bestätigte: »Ich glaube, ich habe mich in seine Energie und seine Lebensfreude verliebt... Da war so viel Leidenschaft in ihm...« In null Komma nichts wurde sie schwanger, und sie beschlossen zu heiraten. Leider ließen die Probleme nicht lange auf sich warten. Das Erste, was Carmen auffiel, war Antonios Gleichgültigkeit gegenüber dem Kind, das unterwegs war. Seine »Lebenslust« stand im kompletten Gegensatz zur Distanz, die er gegenüber der Schwangerschaft demonstrierte. Er begleitete Carmen nicht zum Arzt, fragte sie nie, wie es ihr gehe, und »um sie nicht zu stören« hatte er begonnen, in der Bibliothek zu übernachten. Es tauchten noch weitere Merkwürdigkeiten auf. Trotz ihrer angespannten wirtschaftlichen Verhältnisse kam er eines Tages mit einer großen Überraschung nach Hause: Er hatte einen Sportwagen gekauft, um professionell Rennen zu fahren! Sie machte ihm klar, dass sie sich das nicht leisten konnten, und überzeugte ihn den Wagen zurückzugeben. Bei anderer Gelegenheit gab er ein Monatsgehalt für eine hundertbändige Enzyklopädie aus, die nicht einmal Platz in der Wohnung fand. Als das Kind geboren war, verhielt sich der Mann weiterhin unbeteiligt und distanziert, begann jedoch, ihr

Die gewalttätige Liebe

gegenüber eine gewisse Aggressivität an den Tag zu legen. Eines Tages warf er einen Stuhl nach ihr und brach ihr das Schlüsselbein. Das führte dazu, dass Carmens Familie sich einschaltete und sie mitnahm. Als er merkte, dass er sie verlieren würde, weinte er, bettelte um Vergebung und versprach, eine Gruppentherapie zu machen (was er niemals tat). Zwei Monate nach diesem Vorfall warf man ihn von der Universität, weil aufgeflogen war, dass er eine Affäre mit einer Studentin hatte, die er aber niemals wiedersah, da Carmen ihm erneut mit Trennung drohte. Zur selben Zeit setzte ein Telefonterror ein, denn er hatte seine Schulden beim Pferderennen nicht bezahlt. Sie half, indem sie alles von ihrem Ersparten und von geliehenem Geld beglich. Zu all diesen Katastrophen kamen noch sieben Autounfälle mit geringem Sachschaden sowie ein Mietrückstand von drei Monatsmieten, der sie beinahe in die Obdachlosigkeit trieb. Am Ende war die Liste illegaler und verantwortungsloser Verhaltensweisen Antonios recht lang.
Die Gesamtlage war also an sich schon ziemlich schrecklich und entmutigend. Darüber hinaus hatte Carmen aber auch noch mit den sexuellen Vorlieben Antonios zu kämpfen, die alles andere als konventionell waren. Ständig wollte er neue Sachen ausprobieren und kam mit abwegigsten Vorschlägen jeglicher Couleur. Carmen stimmte regelmäßig zu, denn dies waren die einzigen Momente, bei denen sie ihn als entspannt empfand und er ihr eine gewisse Zärtlichkeit entgegenbrachte. Bei einer Sitzung fasste Carmen ihr Beziehungsproblem folgendermaßen zusam-

men: »Es ist nicht so, dass er mich wegen meines Charakters nicht liebte... Ich meine, sein Problem liegt darin, dass er gar nicht lieben kann... Er hat nie gelernt, jemand anderen zu respektieren, er weiß nicht, was fremdes Leid ist, und kann es nicht nachvollziehen... Er ist weder ein guter Vater noch ein guter Ehemann, ihn interessiert nur sein eigener Spaß und dass ihm nie langweilig wird... Seit ich ihm einmal mit einer Anzeige gedroht habe, hat er mich nie wieder geschlagen, aber wenn er wütend wird, beschimpft er mich und hat mich sogar schon gestoßen... Ich will mich von ihm trennen, aber ich habe Angst vor ihm... Neulich hat er mir gesagt, wenn ich ihn verlasse, dann bringt er erst mich um und dann sich selbst. Ich glaube, dazu ist er durchaus in der Lage... Ich habe die Hoffnung, dass es irgendetwas gibt, was ihm helfen kann sich zu ändern...«

Wie im Leben so in der Liebe: Manchmal muss man als Erstes die Hoffnung fahren lassen. Dass Antonio sich radikal verändert, war ungefähr genauso wahrscheinlich wie dreimal hintereinander beim Lotto zu gewinnen. Doch Carmen hatte Glück. Der Mann fand nach all dem Hickhack Ersatz und verließ sie wegen einer anderen Frau. Nach vier Jahren Leidenszeit war Carmen endlich frei und zog die bei diesen Fällen typische Konsequenz: »Ich will von der Liebe nichts mehr wissen.« Eine »Liebesphobie« als natürliche Reaktion des Körpers, der erst einmal wieder gesund werden und all das Übel vergessen musste.

Das Spinnennetz
der bösartigen Liebe

Das Wesen der bösartigen Liebe liegt darin, den anderen zum Objekt zu machen. Sie zielt darauf ab, die Menschen in Gegenstände zum beliebigen Gebrauch zu verwandeln, und zeigt keinerlei Verantwortungsgefühl gegenüber anderen. Mit jemandem zusammen sein, weil es ein paar Grundbedürfnisse befriedigt, weiter nichts: keinerlei Bindung, nur kurzweiliges Nutznießen und Ausbeutung. Der antisoziale Stil verweigert jegliches Mitgefühl gegenüber anderen Lebewesen, er ist das Gegenteil von Altruismus, sein natürlicher Widerpart. Ich erinnere mich an eine vierzehnjährige Patientin, die die Angewohnheit hatte, lebendige Tiere in die Mikrowelle zu stecken und sie dann zu beobachten. In einer Sitzung beschrieb sie mir dies: »Letztes Mal habe ich eine Katze reingetan... Ich war vor allem neugierig, weiter nichts, als das Tier dann platzte, fand ich's genial... Einfach ein Triumphgefühl, verstehen Sie?... Ich habe kapiert, dass ich die Macht habe, auszulöschen, was Gott geschaffen hat... Also sind wir gleich...« Natürlich ist der Spaß an fremdem Leid nur selten so extrem ausgeprägt. Die für den antisozialen Stil typische Geringschätzung anderer mündet aber fast immer in echte Misshandlung, sei sie nun physischer, psychischer oder emotionaler Natur. Zwar wandert der Partner nicht gleich in die Mikrowelle, aber er wird mitleidlos demontiert und ausgenutzt.

Das emotionale Netz des antisozialen Stils entspinnt sich vor allem bei diesen drei hoch pathologischen und schmerzvollen Spielarten: »Dein Leid oder deine Freude lassen mich kalt« (Subjekt-Objekt-Transformation), »Du hast es nicht anders verdient, warum musst du auch so schwach sein?« (Verachtung/Misshandlung) und »Ich habe keinerlei Verpflichtung dir gegenüber« (zwischenmenschliche Verantwortungslosigkeit).

Subjekt-Objekt-Transformation
»Dein Leid oder deine Freude lassen mich kalt«

Die Egozentrik des Antisozialen beruht, anders als beim Narzissten, nicht auf dem Gefühl der eigenen Großartigkeit und Besonderheit, sondern auf einem Ich-Zustand, in dem niemand anderer existiert, in dem der Mitmensch zum reinen Objekt wird: Ich bin völlig allein auf der Welt und mir selbst überlassen. Wir erinnern uns, dass für den Narzissten Schmeicheleien und Anerkennung lebensnotwendig sind. Der antisoziale Mensch hingegen genügt sich selbst. Deswegen hängt er sich die Leute an wie an einen Schlüsselbund, benutzt sie und trägt sie wie Gegenstände mit sich herum, ohne auch nur irgendeine Form der Bestätigung von ihnen zu erwarten. Der Antisoziale braucht in der Regel niemanden zur Bestärkung seines Selbstvertrauens. Die anderen sind per definitionem »überflüssig«, wenn sie ihm nicht in irgendeiner Weise von Nutzen sein können. Den Status des »Überflüssigseins« beschreibt Hannah Arendt in ihrem Buch *Elemente und Ursprünge totaler Herrschaft* als Ausschluss aus sämtlichen gesellschaftlichen Funktionssystemen, als Aufkündigung noch selbst jener Verbundenheit, die zwischen Ausbeuter und Opfer besteht.

Das grausame Gefühl, für den anderen inexistent zu sein, erklärte mir eine Frau, die zum Opfer eines antisozialen Mannes geworden war: »Weder streitet er mit mir noch macht er mir mit Vorschriften oder Anfeindungen das Leben schwer... Nein, das nicht, er tut vielmehr so, als wäre ich kein Mensch oder eben gar nicht da... Es ist nicht einfach Lieblosigkeit, eher etwas Schlimmeres, für das ich keine Worte finde... Na, vielleicht könnte man es so erklären: Ich bin buchstäblich ein Nichts, mein Dasein bedeutet ihm gar nichts...« Ich vermute, meine Patientin muss etwas Ähnliches empfunden haben wie Menschen, die schon einmal rassistischen Angriffen ausgesetzt waren, oder wie Folteropfer von Diktaturen. Als kaltherzig, so bezeichnet man die Soziopathen, die hier die Täter sind. Wie kann man in einer Verbindung überleben, in der die ethische Dimension der Liebe fehlt? Wie soll ich dich lieben, wenn du das Menschliche an mir gar nicht wahrnimmst?

Man könnte argumentieren, dass manche antisoziale Individuen einzelne Menschen ihrer Umgebung tatsächlich zu lieben scheinen. Eine weitergehende Analyse zeigt jedoch, dass diese »Lieben« derart eigennützig sind und es ihnen so sehr an jeglichem Einfühlungsvermögen ermangelt, dass sie sich schließlich zu destruktiven Liebesformen sui generis entwickeln. Ein wohlhabender Mann mit großem Erfolg bei den Frauen sagte mir im Brustton der Überzeugung: »Ich schwöre Ihnen, von all meinen Liebhaberinnen liebe ich diese am meisten. Wie kann sie mich derart zurückweisen!« In einigen gewaltnahen Subkulturen, in denen Menschen als »Wegwerfartikel« gelten und man nur von einem Tag auf den nächsten lebt, hängen sich manche Auftragskiller Fotos ihrer Mütter und Schwestern in Glücksamuletten um den Hals, bevor sie andere töten – gleichzeitig behaupten sie, diese Frauen zu lieben, obwohl sie sie ständig demütigen und misshandeln. Einige beschimpfen sie und bitten gleich darauf um ihren Segen. Eine zweifelhafte Liebe, ganz gewiss, denn einen Menschen zu benutzen, heißt keineswegs ihn zu lieben.

Verachtung/Misshandlung

»Du hast es nicht anders verdient,
warum musst du auch so schwach sein?«

Die im vorigen Abschnitt beschriebenen Verhaltensweisen führen uns zu der Frage: Wen »respektieren« antisoziale Wesen eigentlich? Haben sie überhaupt vor irgendjemandem Respekt? Nun ja, im Kampf ums Überleben wenden sie sich den Stärksten zu oder denen, von denen sie selbst eventuell besiegt werden könnten. Ein Raubtier respektiert das andere, so funktioniert der »natürliche Überlebenskampf«. Menschen mit dem antisozialen Beziehungsstil fühlen sich wie in einem prähistorischen Dschungel, in dem sie um jeden Preis überleben müssen. Für sie haben nur die Kriegerischsten und Kampfeslustigsten das Privileg zu leben verdient, diejenigen, die am Ende der Evolutionskette stehen. Innerhalb der zivilisierten Gesellschaft ist diese Weltsicht inakzeptabel, denn sie legt nahe, Opfer verdienten es, Opfer zu sein, da sie schwach und nutzlos seien. Der Rassenwahn geht von einem ähnlichen Standpunkt aus: Die Natur belohnt die Mächtigen und bestraft die Schwachen und Angeschlagenen. Überträgt man diese Konzepte auf den emotionalen Bereich, könnte man zu einem ähnlich aberwitzigen Schluss kommen: Wenn dein Partner stärker und kampflustiger ist als du, bist du ihm auf der entwicklungsbiologischen Stufe unterlegen, und das gibt ihm das Recht, dich niederzumachen, wie es ihm beliebt. Als er sah, dass seine Frau ihm Paroli bot und seine Beleidigungen nicht etwa schweigend hinnahm, warf mir ein Mann mit antisozialen Eigenschaften mitten in der Sitzung mangelnde Solidarität als Geschlechtsgenosse vor: »Wie können Sie nur so ruhig bleiben? Sie sind doch ein Mann! Sehen Sie denn nicht, dass sie sich mir *gleichstellt*?« Der Allmachtswahn antisozialer Menschen drückt sich in einer abstrusen Logik »totaler Dominanz« aus: auf der einen Seite eine unterdrückerische Macht und auf der anderen Seite das passive Sich-Einfügen des Opfers in die hierarchische Ordnung. Ich erinnere mich an den Fall eines Mannes, der sich mit ein paar Jugendlichen geprügelt

hatte, weil sie seine Begleiterin angemacht hatten. In einer Sitzung fragte ich ihn: »Wenn Sie sie derart verteidigen, müssen Sie doch denken, sie sei es wert, nicht wahr?« Seine Antwort verdutzte mich: »Im Prinzip war es so, als hätte man mir das Auto verkratzt. Sie gehört mir, und diese Idioten wollten sich mit mir anlegen, so einfach ist das.« Ich hakte nach: »Sie lieben sie, Sie hegen Gefühle für sie?« Er dachte darüber nach, als hätte er das niemals zuvor getan, dann sagte er: »Ich habe keine Ahnung.«
Die totale Dominanz führt genauso zur *Herab*würdigung wie zur *Ent*würdigung des anderen. Obwohl man die beiden Wörter auch als Synonyme verstehen könnte, lohnt es sich, die Abstufung in Bezug auf den Grad an Zurückweisung zu beachten. Der Narzisst neigt beispielsweise dazu herabzuwürdigen (»Ich bin mehr als du, und du bist *weniger* wert«), der antisoziale Charakter tendiert eher dazu jemanden komplett zu entwürdigen als jemanden »nur« schlechter zu machen (»Ich stehe über dir, und du bist *nichts* wert«). Betrachten wir einmal die Transformation des Nächsten zum reinen Objekt als Lebensmaxime. Einen antisozialen Menschen zu lieben heißt zweimal zu sterben: einmal als juristische Person, indem du darauf verzichtest »Rechte zu haben«, und einmal als moralisches Subjekt, denn du schlägst deine Identität in den Wind und wirst zum Objekt. Hierzu sind noch nicht einmal physische Tätlichkeiten oder blaue Flecken vonnöten; die Strategie, mit der der Antisoziale seinen Lebenspartner unterwirft, erniedrigt und handlungsunfähig macht, kann sehr subtil

sein, und sie ist auf den ersten Blick nicht unbedingt zu erkennen. Erinnern wir uns daran, dass die meisten dieser Menschen einen hohen Intelligenzquotienten aufweisen und bei aller Impulsivität gern manipulieren und berechnend handeln.

Nach einer gewissen Dauer der Beziehung verlieren die Partner antisozialer Menschen ihre Lebensenergie, passen sich an und fügen sich in ihr Schicksal. Eine seltsame geistig-körperliche Dissoziation macht sich breit: Sie wissen, dass sie fliehen und sich retten sollten, aber ihr Körper reagiert nicht. Das Adrenalin verliert die Kraft, den körperlichen Freiheitsdrang auszulösen, und der Geist verfällt in die typische Haltung erlernter Hoffnungslosigkeit. In manchen Fällen ist diese Lähmung von intensivsten Liebesgefühlen gegenüber dem Henker begleitet.

Eine Frau, die einen Mafioso mit antisozialen Zügen liebte, konnte sich einfach nicht aus der Falle befreien, in der sie sich befand – und zwar nicht, weil der Mann ihr etwa gedroht hätte, sie zu töten, wenn sie ginge (er hatte noch andere Gespielinnen, und sie war nicht seine Lieblingsfrau), sondern weil sie ihre gesamte Entschlusskraft verloren hatte. Der Mann machte sie zum Objekt, benutzte sie und schränkte sie physisch ein, ohne dass sie sich auch nur im Geringsten dagegen gewehrt hätte; so sehr hatte sie traurigerweise ihren Objektstatus verinnerlicht. Als ihre Mutter sie zu mir in die Praxis brachte, ging es ihr sehr schlecht, und ich schlug vor, sie in eine Klinik zu überweisen, aber sie beschlossen damit zu warten. Eine Woche später kam der Mann in Haft, doch sie nahm weiterhin Termine bei mir wahr. Einige Monate darauf, mit frischem Geist und dem Trauma schon etwas entrückt, blickte sie auf ihre Situation zurück: »Ich hatte mir das Denken abgewöhnt, ich habe automatisch getan, was er gesagt hat... Im Inneren war ich stolz darauf, seine Geliebte zu sein, obwohl er mich schlecht behandelte... Seine Vorschläge waren Befehle, seine Bedürfnisse hatten die meinen zu sein, und obwohl er andere Frauen hatte, war ich ihm mit Haut und Haar ergeben... Ich hätte mein Leben für ihn gegeben und habe es sogar mehr als einmal riskiert, um ihn zufriedenzustellen... Wenn Sie mich fragen, ob ich ihn geliebt habe, muss ich ehrlich sagen: Ich glaube ja, aber es war wie die Liebe zum Henker... Er hat mir nie gesagt, dass er mich liebt, war niemals zärtlich, es gab nie eine innige Umarmung... Kein einziges Mal hat er mich gefragt, was ich empfand oder wollte, mein Geburtstag hat ihn überhaupt nicht interessiert, und auch meine Familie hat er nie kennenlernen wollen. Für ihn hatte ich gar keine Geschichte... Ich war eine lebendige Tote...«

Zwischenmenschliche Verantwortungslosigkeit
»Ich habe keinerlei Verpflichtung dir gegenüber«

Menschen mit antisozialem Beziehungsstil kennen weder Schuld- noch Reuegefühle. Die negativen und destruktiven Auswirkungen ihres Tuns werden nicht korrekt verarbeitet: »Was geschehen ist, ist halt geschehen.« Eine Vorstellung von Verbindlichkeit existiert nicht und noch weniger der Gedanke, man habe Verpflichtungen – seien sie nun beruflicher, zwischenmenschlicher oder wirtschaftlicher Art. Äußerst selten wird man sie dafür zur Rechenschaft ziehen, denn ihre mangelnde Kompetenz und ihr fehlendes Bewusstsein in diesen Dingen sind hinlänglich bekannt. Die Unfähigkeit, die eigenen Worte und Taten zu hinterfragen, führt zu einem illusorischen Machtgefühl von ernsthafter moralischer Konsequenz. So finden zum Beispiel weder Wiedergutmachung noch Selbstkritik oder Gespräche auf gleicher Augenhöhe statt. Gröbstes Autoritätsgebaren bestimmt ihre Haltung: »Ich brauche mich nicht zu rechtfertigen und muss keinerlei Verantwortung für mein Verhalten übernehmen.« Wie soll man eine Beziehung mit jemandem führen, der sich an keine Absprache hält, weil es ihm schlichtweg nicht in den Kram passt? Das ist nicht möglich.

Die mangelnde Fähigkeit, sich verbindlich an Übereinkünfte und Verabredungen zu halten, ist unbedingt zu unterscheiden von der Verweigerung eines passiv-aggressiven Menschen, der zwar verantwortungsbewusst handeln *könnte*, es aber aus Protest gegen die vermeintliche Bevormundung des Partners nicht *tut*. Die Verantwortungslosigkeit des Antisozialen beruht nicht auf Oppositionsgeist, sondern auf einem fehlenden Gewissen. Er *beschließt* nicht, verantwortungslos zu sein, sondern er *ist es* »*von Natur aus*«. Der Passiv-Aggressive hat eine abhängige Seite, die ihn dazu drängt, sich des anderen zu vergewissern und nach Sicherheit zu suchen. Bei antisozialen Menschen ist das nicht der Fall, ihr Sicherheitsbedürfnis wird nicht durch andere gestillt, sondern nur, indem sie ihr eigenes Machtmonopol brutal behaupten.

Antisoziale Beziehungen – die Gründe

Die Attraktivität des Kriegers

Will man nachvollziehen, warum ein augenscheinlich kluger und gesunder Mensch sich auf eine antisoziale Beziehung einlässt, gilt es zwei Faktoren zu beachten:

- Antisoziale Wesen, Männer oder Frauen, sind während der Eroberungsphase und selbst danach noch ausgesprochen betörend und verführerisch. Der pure Wolf im Schafspelz, aber sie haben damit großen Erfolg.
- Manch einer sieht im antisozialen Stil die Gelegenheit, eigene Mängel zu kompensieren. Wie wir gleich noch sehen, erscheinen einige typische Verhaltensweisen antisozialer Menschen als sehr attraktiv, ja sogar »bewundernswert« für Leute mit bestimmten Schwächen.

Solltest du eins der drei folgenden Fehlanpassungsmuster aufweisen, könnte es sein, dass du vom antisozialen

Stil angezogen wirst. Alle drei sind eng miteinander verbunden, und manches Mal zieht das eine das andere nach sich. Aus didaktischen Gründen und damit man ihre Dynamik besser mitverfolgen kann, habe ich beschlossen, sie hier einzeln zu betrachten. All diese Merkmale zusammengenommen gehören zum »Paradigma des Helden« (oder der Heldin), einem Mythos, der noch immer in der gesellschaftlichen Vorstellung kursiert und sich in den Werten Kraft, Mut und Abenteuerlust manifestiert.
Betrachten wir die Mangelerscheinungen im Einzelnen: »Ich brauche einen Partner, der mich verteidigt« (chronische Schwäche), »Ich brauche jemand Mutigen, den ich bewundern kann« (Verachtung von Angst) und »Ich brauche starke Emotionen« (Sucht nach Gefahr).

Chronische Schwäche

»Ich brauche einen Partner, der mich verteidigt«

Manche Menschen suchen nicht jemanden zum Lieben, sondern einen emotionalen Bodyguard. Menschen, die sich nicht in der Lage sehen, das Leben allein zu meistern, brauchen einen Leibwächter, der ihnen Schutz garantiert. Wer sich selbst als chronisch schwach betrachtet, findet beim Antisozialen Rückhalt in einer äußerst anziehenden Mischung aus Kraft und Macht. Wer von Superman oder Supergirl träumt, hält sich meist selbst nicht für besonders leistungsfähig und ist schnell bereit, sich in ein Abhängigkeitsverhältnis zu stürzen. Eine Jugendliche beschrieb mir die Vorteile ihres Freundes: »Was kann ich mir Besseres wünschen? Er ist stark, selbstsicher, die Leute respektieren ihn... Manche haben sogar ein bisschen Angst vor ihm, und das gefällt mir... Niemand kann mir etwas anhaben mit so einem Mann an der Seite...« Funktionaler Machismo à la carte. Suchst du einen Mann oder einen Krieger? Eine Frau oder eine Amazone? Jemand, der von Grund auf rauflustig ist, Streit und Krawall braucht, um sich wohl zu fühlen? Jemand, der sich brutal seinen Weg bahnt und darin Selbstbestätigung findet? Das Problem beginnt dann, wenn keine Schlacht in Aussicht ist und plötzlich der Mensch an seiner Seite am ehesten nach Feind aussieht. Wenn du einem Antisozialen sehr nahe stehst, hast du immer das Gefühl, du müsstest einen wilden Tiger füttern: Du weißt nie, was er mit dir anstellt, wenn er hungrig ist.

In gewissen Gesellschaftsgruppen, in denen Gewalt zum Alltagsgeschäft gehört, gelten antisoziale Menschen als äußerst anziehend für das andere Geschlecht, da sie die größten Überlebenschancen bieten. Die Liebe wird nutzbringend eingesetzt, denn hier hängt sie unmittelbar mit der Fähigkeit zusammen sich gegen Angreifer zu verteidigen. Und auch in den höheren Gesellschaftsschichten sieht die Lage nicht wesentlich anders aus, selbst wenn sie sich einen eleganteren Anstrich gibt. An die Stelle körperlicher Härte tritt hier Härte im Verhandeln und die Fähigkeit, sich an die Spitze von Finanz- und Handelskonzernen zu setzen. In der Sache bleibt es sich gleich: Solange es Menschen gibt, die sich in irgendeinem Sinne als schwach oder hilflos begreifen, werden diejenigen, die »selbstsicher« und erfolgreich auftreten, auf dem Markt der Emotionen stets hoch gehandelt sein. Eine Frau erzählte mir: »Ich sehe es gern, wenn er ein Restaurant betritt und alle sich beeilen, ihm zu Diensten zu sein, oder wenn er den Angestellten in der Firma Anweisungen erteilt... Er hat einfach eine besondere Klasse, ganz unabhängig von Kultur und Bildung, er ist der geborene Chef und Anführer... Die Rolle des Erfolgsmenschen passt zu ihm, und auch ich passe zu ihm, ich bin ihm wie auf den Leib geschneidert.« Ich frage mich, was passieren würde, sollte der Ehemann dieser Frau einmal in eine Depression verfallen und vom »großen Herrn« zum unsicheren, schwachen und psychisch weniger machtvollen Mann werden? Würde das ihre Liebe schmälern? Könnte sie ihm das jemals verzeihen?

Verachtung von Angst

»Ich brauche jemand Mutigen, den ich bewundern kann«

Niemand wird abstreiten, dass Abenteuer- und Risikofreude die Menschheit erheblich vorangebracht haben. Wir brauchen bloß an unser eigenes Leben zu denken, um festzustellen, dass ein Großteil unserer Errungenschaften direkt mit Qualitäten wie Mut und Furchtlosigkeit verbunden sind. Herausforderungen erhalten uns lebendig und fördern unser persönliches Wachstum. Doch diese Stärken mindern sich, sobald sie aus dem Ruder geraten und in Leichtfertigkeit und Unvernunft umschlagen. Antisoziale Menschen sind eher tollkühn als mutig: Sie schätzen Gefahren nicht realistisch ein und ihr Wagemut nimmt übermäßige Ausmaße an, sodass sie sich und andere in Gefahr bringen. Mut, sagte Aristoteles, bildet die Mitte zwischen Furcht (unbegründeter Angst) und Zuversicht (Abwesenheit von Angst und damit Nichtbeachtung der Gefahr). Es ist keineswegs so, dass der Mutige niemals Angst hätte, nein, er flieht, wenn er fliehen muss. Der antisoziale Mensch aber befindet sich am Punkt äußerster Zuversicht, da er die Angst nicht angemessen einzuschätzen vermag: Er macht sich über sie lustig oder bemerkt sie einfach nicht. Aus welchem Grund auch immer, einer seiner bezeichnendsten Charakterzüge ist jedenfalls das Leben auf Messers Schneide. Es liegt auf der Hand, dass jemand, der die Angst als Schwäche betrachtet, das tollkühne Verhalten des Antisozialen anziehend findet. Leicht könnte er die Unfähigkeit Gefahren zu beurteilen mit echtem Mut verwechseln.

Als Jugendlicher kannte ich ein schönes junges Mädchen, das ich im herkömmlichen Sinne erobern wollte. Viele Besuche bei ihr zu Hause, gelegentliche Sofafummeleien und sporadische Ausflüge. Alles lief wie am Schnürchen, bis wir eines Tages den Hof eines ihrer Verwandten besuchten, dessen Hauptattraktion die Pferde waren, vor denen ich schon immer eine gewisse Phobie hatte. Um ehrlich zu sein, habe ich bis heute nicht verstanden, was an Pferden so toll sein soll. Für mich ist es, als müsste ich einen riesigen Hund besteigen. Zwar versuchte ich meine Anspannung zu vertuschen, aber ich flog auf, als das Tier, das ich erwischt hatte, in die verkehrte Richtung losgaloppierte, und ich um Hilfe rief. Eigentlich schien es ein passiv-aggressives Pferd zu sein. Im Handumdrehen bekam ich einen regelrechten Panikanfall, und die übrigen Reiter kehrten um, bugsierten mich aus dem Sattel und brachten mir zur Beruhigung etwas Wasser – all das vor dem erstaunten Blick meiner Angebeteten. Nach diesem Auftritt habe ich nie wieder von ihr gehört. Hätte ich etwas mehr psychopathische Züge aufweisen können, wäre vielleicht doch noch was aus uns geworden.

Sucht nach Gefahr
»Ich brauche starke Emotionen«

Die Geschichte ist voll von Paaren, in denen beide Partner antisoziale Züge tragen. Liebesbeziehungen, die am Ende eher einem Täterverbund als einem Nest von Turteltauben ähneln. In manchen dieser emotional-illegalen Verbindungen begegnet man sich auf Augenhöhe, dort gibt es weder Herrscher noch Beherrschte, wie zum Beispiel im berühmten Fall von Bonnie und Clyde, wo sie (Bonnie) genauso viel schoss und Banken ausraubte, genauso aktiv und aggressiv war wie er. In anderen Fällen war das Zusammenspiel von Dominanz und Unterwerfung eindeutig, und in der Regel war es die Frau, die in die Rolle der Helferin und treuen Anhängerin schlüpfte. Beispielsweise in einem berüchtigten Fall aus den 1980er-Jahren, bei Alton Coleman und seiner Freundin Debra Brown, die mehrere Städte in den Vereinigten Staaten durchkreuzten und in weniger als zwei Monaten sämtliche Arten von Gewaltverbrechen, Raubüberfällen und Morden begingen. Er war der Anführer und sie die gehorsame Gefolgsfrau.

Antisoziale Menschen, genau wie einige sehr extrovertierte Persönlichkeiten, brauchen starke Emotionen, um sich lebendig und »ausgeglichen« zu fühlen: Sie hören gern Musik mit dem Lautstärkeregler auf Anschlag, fahren rasant Auto, probieren verschiedenste Drogen aus, praktizieren harten Sex oder springen Fallschirm – könnte man in einer Achterbahn leben, sie würden es tun. Sie haben nicht nur eine geringe Frustrationstoleranz, die sie leicht aufbrausen lässt, sondern auch eine geringe »Langeweiletoleranz«, die sie ständig in Extremsituationen treibt, damit sie mehr spüren. Gleichförmige, absehbare und ruhige Stimulation versetzt sie in Stress und bringt sie aus der Fassung, daher rührt ihre Sucht nach Gefahr.

Es ist kaum verwunderlich, dass Menschen, die verschiedenartigste Reize von wiederkehrender Intensität brauchen, in antisozialen Persönlichkeiten sehr verlockende Abenteuergesellen oder -gesellinnen finden. Eine Jugendliche beschrieb ihre neueste Eroberung folgendermaßen: »Er ist ein liebenswerter Spinner, er hat genauso großen

Spaß am Risiko wie ich, alles erlebt er derart intensiv, als wäre es der letzte Tag in seinem Leben... Wir passen perfekt zusammen...« Liebe bei hundert Stundenkilometer im freien Fall. Jeder Tag ein Fest? Ich habe da meine Zweifel. Wer in einer Beziehung lebt, weiß, dass es ebenso viele Momente der Langeweile wie der Freude gibt. Das ist normal, solange dein Partner kein Freizeitexperte ist. Ein derart hochtouriger Lebensstil wäre für einen introvertierten Menschen oder jemanden mit zwanghaften Zügen – so ruhig wie gewissenhaft –, natürlich die reinste Folter. Mal angenommen, der histrionisch-theatralische und der emotional instabile Stil seien im Film *Fatal Attraction* prototypisch durch Glenn Close dargestellt, so wetteifern als potenzielle Vorbilder für den antisozialen Stil gleich zwei hoch qualifizierte Kandidaten um die Vorherrschaft: Sharon Stone in *Basic Instinct* und Anthony Hopkins in *Das Schweigen der Lämmer*. Töten, bedrohen, sich selbst verstümmeln, Kannibale sein und Regeln verletzen – wenn das kein bewegtes und sehr aufregendes Leben ist.

Einen antisozialen Menschen davon zu überzeugen, sein Leben auf dem Hochseil zu beenden, auch wenn es nicht gerade das Niveau jener filmischen Vorbilder erreicht, ist praktisch unmöglich. Ja, mit der Zeit sinkt der Testosteronspiegel genauso wie die Lust auf den Adrenalinkick, aber antisoziale Wesen wehren sich gegen eine solche Befriedung der Seele und bestehen auch weiterhin auf ihren Extremerfahrungen. Es ist, als wäre das in ihrer DNA eingeschrieben. Die Sucht nach starken Emotionen und die

Unfähigkeit zur Selbstbeherrschung sind in der Regel traumatischen und pathologischen Ursprungs (Misshandlung im Kindesalter, Verlassenheitsgefühle, sexueller Missbrauch) und in den meisten Fällen nicht ganz einfach in den Griff zu kriegen. Ein wahrhaft antisozialer Charakter ist stolz darauf, so zu sein, wie er ist, und er genießt es. Wozu sich also ändern? Störungen, bei denen sich der Betreffende mit seinen pathologischen Merkmalen wohl fühlt, nennt man ich-synton, solche, unter denen die Patienten leiden und die sie ändern wollen, werden als ich-dyston bezeichnet.

Ich erinnere mich an den Fall einer Frau, die in zweiter Ehe mit einem ruhigen, arbeitsamen Mann und guten Vater verheiratet war. Im Laufe der Therapie eröffnete sie mir, wie sehr ihr Leben sie langweile und dass sie ununterbrochen an ihren ersten Mann denken müsse: »Ich weiß, dass ich mittlerweile Ruhe habe, ich liebe meine Kinder, ich habe Arbeit, einen guten Ehemann, also ein geregeltes Leben... Aber keine Ahnung, irgendetwas tief in mir drin vermisst all die Verrücktheiten, die ich mit Carlos unternommen habe... Da war alles so lebendig und intensiv! Jeder Tag war ein Abenteuer, wir haben getan, was wir wollten, und uns nicht um Verpflichtungen geschert... Die Erfahrungen, die mich am meisten im Leben geprägt haben, stammen aus dieser Zeit... Ich wünschte, mein Mann würde meinem Ex ein wenig gleichen, oder dass er wenigstens ab und zu aus der Reihe tanzen würde. Ich glaube, ich bin vom einen Extrem ins andere geraten und finde einfach kein Mittelmaß.« Momentan sitzt Carlos in Haft und wird in den nächsten fünfzehn Jahren nicht freikommen. Wenn meine Patientin so weitermacht, wird es in fünfzehn Jahren unweigerlich zu einer Wiederbegegnung kommen, und es ist sehr wahrscheinlich, dass der stillgelegte Vulkan in ihr mit aller Macht zum Ausbruch gelangt. Sehnsüchte eines Geistes, der nicht in sich ruht und nach einer wilderen und feurigeren Art zu lieben sucht.

Ist eine gesunde Beziehung mit einem antisozialen Menschen möglich?

Die seelische Struktur des Antisozialen rührt am Wesen der Liebe selbst und pervertiert sie. Ihr innerster Kern wird unter dem Einfluss diverser Verhaltensmuster zerstört, welche den anderen als wertvollen und liebenswerten Gesprächspartner negieren. Aus allem bisher Gesagten lässt sich leicht schließen, dass es an emotionalen Selbstmord grenzt, eine gesunde Beziehung mit jemandem eingehen zu wollen, der jegliche Empathie vermissen lässt, der einen misshandelt und sich darüber hinaus noch ständig aus der Verantwortung zieht.

Emotionale Überlebensstrategien

Ich werde die zwei Haltungen aufzeigen, die Leute annehmen, um in solchen Fällen klarzukommen: Da sind einmal diejenigen, die sich selbst auslöschen, um mit der geliebten Person weiterzuleben, und dann diejenigen, die mithilfe von Argumenten tatsächlich versuchen, der Irrationalität des antisozialen Stils zu begegnen. Alle beide sind sie zum Scheitern verurteilt.

Sich den Ansprüchen fügen und sich für das Sklaventum als Lebensform entscheiden

Leute mit dieser Einstellung sind der Überzeugung: »Wenn ich ihm in allem nachgebe und seine Lebensweise annehme, ohne zu murren, wird er erkennen, dass er mich liebt.« Solch emotionale Naivität (»Durch mich wird er gesund oder zum besseren Menschen werden«) hat einen hohen psychischen Preis, denn die Strategie, den anderen zu beschwichtigen, indem man ihm unermüdlich zu Gefallen ist, lässt die negativen und schädlichen Verhaltensmuster immer stärker hervortreten.

Zudem interpretiert das anti-soziale Wesen Verhaltensweisen, die »auf Versöhnung aus« sind, seiner ganz eigenen Logik gemäß Zeichen der Schwäche, was einmal mehr den Täter in ihm hervorlockt: »Du *verdienst* es, schlecht behandelt zu werden.« Ähnlich wie bei den Narzissten (je

mehr du sie liebst, desto größer wird ihr Narzissmus) wird der antisoziale Mensch sein verächtliches und gewaltsames Verhalten verstärken, je weiter der Partner oder andere Menschen sich ihm ausliefern.
Schauen wir uns ein paar Verhaltensweisen an, die dieser Haltung zu eigen sind:

- Niemals so tun, als handele es sich um eine feste oder verbindliche Beziehung
- Die schlechte Behandlung freundlich zurückweisen, zeigen, dass es auch andere Beziehungsformen gibt
- Akzeptieren, dass man den Alltag allein bewältigen muss, da der andere niemals für die Folgen seines Verhaltens geradestehen wird
- Ein hohes Selbstwertgefühl haben, um die Angriffe und Verachtung aushalten zu können
- Bereit sein, in sexueller Hinsicht verschiedene neue Dinge auszuprobieren, auch wenn sie nicht angenehm sind oder gegen die eigenen Prinzipien verstoßen
- Sich an die starken Emotionen gewöhnen und daran, allerhand riskante Abenteuer zu erleben
- Den Partner nicht zu verändern suchen oder ihm Ratschläge erteilen; ihn akzeptieren, wie er ist, und ihm völlige Freiheit zugestehen
- Nichts gegen die Untreue des Partners unternehmen, sollte er untreu sein
- Keinerlei Liebesbekundungen oder Zärtlichkeiten erwarten

Wer annimmt, diese Methode »die Bestie zu zähmen« würde nur von Einzelnen verfolgt, liegt falsch. Im Gegenteil, die Mehrheit der Menschen, die das Pech hatten, sich emotional an einen Antisozialen zu binden, glaubt tatsächlich daran, ihren Partner mit dieser Taktik emotional und moralisch umerziehen zu können. Aber das berühmte Wunder der Liebe lässt – jedenfalls nach meiner Erfahrung – in der Regel auf sich warten. Am besten bleibt man realistisch. Das Motto ist: Wenn du dich (mit dem Wunsch nach einer gesunden Beziehung und im Namen der Liebe) mit dem »Antisozialen deiner Träume« eingelassen hast, dann wach auf und komm auf den Boden der Tatsachen zurück: Er oder sie wird sich nicht im Geringsten ändern, ganz egal, wie viel Liebe, Durchsetzungskraft und zivilen Widerstand du auch aufbringen magst.

Den antisozialen Partner auf seinen Platz verweisen und das Risiko eines Gegenangriffs in Kauf nehmen

Die meisten, die einmal versucht haben, einen antisozial veranlagten Menschen auf seinen Platz zu verweisen, mussten aufgrund der Gewalttätigkeit des anderen die Behörden anrufen. Es ist fast so, als wollte man einen Dinosaurier zähmen. Und ich übertreibe nicht: Sich mit diesen Personen anzulegen ist ein Spiel mit dem Feuer. Wer etwa vorhat, mit einem Schlag Ordnung zu machen und

Ist eine gesunde Beziehung mit einem antisozialen Menschen möglich?

die Beziehung ins Gleichgewicht zu bringen, wird schnell an seine Grenzen stoßen; jeder Rebellionsversuch wird mit physischer oder psychischer Gewalt niedergeschlagen (man bedenke, dass weder Schuld- noch Reuegefühle das Verhalten des Antisozialen bremsen).

Begegnest du dem Antisozialen auf die harte Tour, so sieht er in dir nichts anderes mehr als einen Stein im Schuh oder ein Hindernis, das ihn von den Quellen der Lust oder der Zerstreuung fernhält. Er wird das nicht dulden und dich wutschnaubend aus dem Weg schaffen. Dich zu lieben und deinen Anweisungen zu folgen, hieße für ihn, sich in Selbstbeherrschung zu üben – etwas, das er niemals tun würde, weil das antisoziale Hirn nicht dafür ausgestattet ist, sich selbst Grenzen zu setzen. Wenn er sich eingeengt fühlt, wird er höchstwahrscheinlich eine Gegenoffensive starten, um dich in deine Schranken zu verweisen. Um im Jargon des Misshandlers zu sprechen: Er wird dir geben, was du verdient hast. Denk mal nach: Welches antisoziale Wesen könnte ein Nein ertragen oder zulassen, dass das »schwache« und »unsichere« Opfer die Kontrolle übernimmt? Das würde ihm in tausend Jahren nicht einfallen. Selbst wenn du das »A-Team« oder die »Fantastic Four« zu deiner Unterstützung anheuern würdest – eine Beziehung, in der die Wahrung der Menschenrechte gewaltsam eingefordert werden muss, wäre doch wenig erfreulich. Entweder es versteht sich von selbst oder es nutzt ohnehin nichts. Der Schluss liegt auf der Hand: Es hat wenig Sinn, einen Kreuzzug anzuzetteln, um deinen Partner menschlicher zu machen und ihm beizubringen, dass er nicht nur auf seine Strafaktionen verzichten, sondern auch noch deine Bedürfnisse befriedigen soll.

Bis wohin lässt sich verhandeln?

Dazu gibt es nicht viel zu sagen. Das Wesen des Antisozialen, seine Verachtung für andere, sein aggressives und streitlustiges Verhalten machen eine gesunde und konstruktive Beziehung unmöglich. Ich will nicht bestreiten, dass zwei antisoziale Menschen oder ein Antisozialer und einer mit emotional instabilem Beziehungsverhalten (den wir noch kennenlernen werden) auf der Suche nach starken Emotionen oder bei kriminellen Aktivitäten genial miteinander auskommen könnten. Doch ist eine solche Verbindung weit entfernt von der Liebe, wie wir sie alle suchen, und vom »Zusammenbleiben in guten wie in schlechten Zeiten«. Zwei pathologische Prinzipien, miteinander vereint, ergeben nichts weiter als ein noch stärker pathologisches Muster.

Für jemanden, dem es fern liegt, sich zu unterwerfen, und der auch nur ein bisschen Selbstachtung besitzt, kommt die gewaltsame Liebe, selbst in abgemilderter Form, nicht infrage. Wie willst du jemanden lieben, der dich misshandelt, und sei es auch nur »ein klein wenig«? Wie mit jemandem zusammen sein, der dich benutzt und sich nur für dich interessiert, um Vorteil daraus zu schlagen? Es mag

noch so sehr nach »Verliebtheit« ausschauen, ein würdiges Leben neben jemandem, der einen unterdrückt und wie eine Sache behandelt, ist nicht möglich. So offensichtlich das scheint, ist es doch für manchen Verliebten schwer zu begreifen!
Was also ist verhandelbar? Wenig oder gar nichts. Am besten man entscheidet sich in solchen Fällen für einen gesunden Verzicht: »Ich investiere hier nichts mehr.« Entgegen aller Verliebtheit Reißaus nehmen. Und sieh die Flucht bloß nicht als Zeichen von Feigheit, sondern als reinen Überlebensakt an.

Antisoziale Menschen rechtzeitig erkennen

Das Werbeverhalten des Antisozialen ist von einer gewissen Forschheit bestimmt. Während der Verführungsphase wirken zwei gegensätzliche Kräfte in ihm: der Impuls, sich bedenkenlos zu »nehmen, was er will«, und das Wissen darum, dass jegliche Annäherung an das andere Geschlecht nicht ohne Überzeugung und Faszination auf der Gegenseite möglich ist. Es gilt also: das Primitive (überrumpeln, kolonialisieren, »besetzen«) *gegen* das Zivilisierte (überzeugen, anziehen, fesseln). Da Antisoziale nicht allzu viel Selbstbeherrschung besitzen, wird ein dominantes Auftreten wahrscheinlicher sein. Nicht, dass sie kein Interesse zeigen würden, das tun sie durchaus, allerdings auf grobe oder sehr forsche Weise.

Hier ein paar Merkmale, die als Leitfaden dienen können:

- Der Antisoziale wird keiner Vergnügung und keinem Reiz widerstehen können.
- Er wird aufregende Dinge mit dir unternehmen wollen, dich in seine Spielchen mit einbeziehen und dir gegenüber den Reiz und die Vorzüge von Grenzerfahrungen anpreisen.
- Er ist auf schnellen und unkonventionellen Sex aus.
- Er wird kaum Interesse an deinen Gedanken oder Gefühlen zeigen und sich auf diejenigen deiner Eigenschaften konzentrieren, die ihm Spaß oder andere Vorteile versprechen.
- Ein antisozialer Mensch lügt und manipuliert, du musst also sehr wachsam sein: Der Zweck heiligt ihm die Mittel.
- Womöglich übertritt er in aller Seelenruhe beliebig Regeln oder Normen.
- Er wird kein Nein akzeptieren und dich zu seinem Komplizen machen wollen.
- Er liebt Machtdemonstrationen und lässt sich von anderen gern für das feiern, was er durch Einfluss, Stärke oder Mut erreicht hat.
- Er verlangt von Anfang an nach deiner uneingeschränkten Zustimmung zu seinen Vorhaben und Ideen.
- Du wirst eine unerklärliche Mischung aus Anziehung und Angst empfinden.

- Du wirst schnell merken, dass er dich wie einen Gegenstand behandelt.

Die »bösartige Liebe« spürt man, sobald man ihr begegnet. Im tiefsten Inneren wissen wir, ob wir jemandem vertrauen können oder nicht (solange wir nicht paranoid sind und uns jeder bedrohlich erscheint). Ich glaube nicht, dass dazu umfangreiche Tests vonnöten sind: Sollten die genannten Anzeichen auftreten und sollte dein Gegenüber Züge dessen aufweisen, was in diesem Kapitel beschrieben worden ist, weißt du, was zu tun ist. Überprüfe den Grund für dein Angezogensein und wenn du merkst, dass jemand mit antisozialen Zügen dich in sein Spinnennetz zu verstricken sucht – ganz ehrlich, dann such das Weite.

Ratschläge für antisozial veranlagte Menschen

Ich habe dir nicht viel zu sagen. Wenn du das Bisherige gelesen hast, wirst du zumindest begriffen haben, dass deine Art zu lieben bei anderen Schmerz verursacht. Dass es schlichtweg unmöglich ist, eine gesunde Beziehung mit einem unsensiblen, gewalttätigen und verantwortungslosen Menschen zu führen, ist ja wohl klar. Was dich viel eher überraschen sollte, ist, dass es trotz deiner verletzenden Wesensart immer Menschen geben wird, die dich lieben. Das Leben gibt dir immer wieder Gelegenheit, dein Ich zu überwinden und dein krankhaftes Beziehungsmuster zu ändern, doch du bestehst auf deinen destruktiven Verhaltensweisen. Klinische Untersuchungen zeigen, dass es einigen wenigen Menschen mit antisozialer Persönlichkeitsstörung gelingt, sich mittels moralpsychologischer Techniken an die Stelle von anderen zu versetzen, ein gewisses Schuldbewusstsein und etwas Mitgefühl angesichts des Leids des Nächsten zu empfinden. Die Möglichkeit dazu bietet dir professionelle Hilfe. Doch es ist schwierig, Besserung anzustreben, solange einem das Gefühl für den eigenen Makel gänzlich abgeht.

Diese Persönlichkeitsstörung hat, einmal abgesehen von ihrem komplexen Beziehungsstil, auch eine Ursache. Es gibt eine wissenschaftliche Erklärung dafür, dass sich deine Vorstellung von »Leben« in die Vorstellung »zu überleben« verwandelt hat. Inzwischen weiß man, dass antisoziale Persönlichkeitsmuster das Resultat eines Zusammenspiels verschiedener biologischer und sozialer Prädispositionen sind. Was das Biologische angeht, so hat man zum Beispiel Folgendes entdeckt:

- Genetische Faktoren (die mit der Neigung zur Hyperaktivität zusammenhängen)
- Hormonelle Abweichungen, die einen hohen Testosteronspiegel verursachen

- Dysfunktionen und Veränderungen des Präfrontallappens im Gehirn, die die Gefühlssteuerung und die Angstkonditionierung beeinträchtigen
- Störungen des Blutflusses
- Niedrige Serotonin- und sehr hohe Dopaminwerte, die zum Großteil für aggressives und impulsives Verhalten verantwortlich sind

Doch um die Dinge nicht allzu kompliziert werden zu lassen, solltest du wissen, dass du kein allzu gravierender Fall für die Neurowissenschaft bist. Und dennoch stehen Psychiatrie, Neurologie und Psychologie bereit, dir zu helfen. Bei den Umweltursachen geht es vor allem um die Vorbilder während der kindlichen Entwicklung, um extreme Erziehungsmethoden, sei es mit übertriebenen Strafen oder einem absoluten »Laisser-faire« ohne jegliche Kontrolle. Vielleicht erinnerst du dich an solcherlei Dinge in deiner Vergangenheit. Möglicherweise warst du auch Opfer von Vernachlässigung, Gleichgültigkeit oder Feindseligkeit vonseiten deiner Eltern. Die Abwesenheit einer Autoritätsperson oder die Neigung zu Straftaten innerhalb der Familie können auch an der Entstehung des antisozialen Musters beteiligt gewesen sein. Fassen wir zusammen: All das Beschriebene hat in dir das Bild einer kalten und gefährlichen Welt entstehen lassen, in der du um jeden Preis überleben und dich auf dich selbst verlassen musst.

Hier eine vollständige Analyse deiner Situation zu machen, liegt nicht in der Absicht dieses Buches, aber ich würde dir schon gern sagen, dass du durchaus ein besseres Leben anstreben kannst, in dem du die anderen nicht zu quälen brauchst. Ein Dasein, das weniger grausam wäre für dich und diejenigen, die dich lieben. Und vielleicht, aber nur vielleicht, gelingt es dir, deinem Partner oder deiner Partnerin einen anderen Stellenwert zuzuschreiben als bisher und zu erkennen, dass er oder sie kein Gegenstand ist, nichts Überflüssiges und auch kein Objekt. Die Menschen, die dich lieben, haben Rechte, und wenn du sie verletzt, wird das Gesetz dich belangen. Zum Glück gibt es jemanden zu ihrer Verteidigung. Und auch wenn ich daran zweifle, dass es jemals vollständig zu dir durchdringen wird, möchte ich dich eins gern wissen lassen: Freund sein ist besser als Feind sein.

7 Die teilnahmslose Liebe

Der schizoid-einsiedlerische Stil

Das größte Übel, das wir unseren Mitmenschen
antun können, ist nicht, sie zu hassen,
sondern ihnen gegenüber gleichgültig zu sein.
Das ist absolute Unmenschlichkeit.
George Bernard Shaw

Die Zärtlichkeit ist das Ruhen der Leidenschaft.
Joseph Joubert

Die teilnahmslose Liebe

Sich emotional vom Partner zu isolieren ist eine Form stiller Aggression. Es ist die zweite Art der Antiliebe, genauso oder noch zerstörerischer als die gewalttätige Liebe. Kann man angesichts der Lustlosigkeit des anderen unberührt bleiben? Die emotionale Gleichgültigkeit des Schizoiden ist tödlich. Sie beruht weder auf einem mit sich selbst befassten Ego (wie beim Narzissten) noch auf der Überzeugung, dass nur der Beste überleben kann (wie beim Antisozialen), sondern auf grundsätzlicher Verbindungslosigkeit: Der schizoide Einsiedler kann keine Gefühle zeigen, weil da einfach keine sind. Dieser Beziehungsstil ist wie ein schwarzes Loch zwischen Individuen, jeder Ausdruck von Gefühl verschwindet spurlos. Es gibt weder Verführung noch irgendeinen Austausch von Zärtlichkeiten oder Nähe, nichts als emotionale Leere und ein ebenso radikales wie unrealistisches Unabhängigkeitsbedürfnis. Eine Fehlprogrammierung im Geist des Schizoiden, durch die ihm die menschliche Seite des anderen entgeht. Einsiedler der Liebe oder emotionale Analphabeten – niemand kann ihnen nahekommen, niemand in das umzäunte Gelände dringen, in das sie sich eingeigelt haben. Der schizoide Stil schert sich nicht um Geselligkeit, er zieht sich auf sein Einzelgängertum zurück, und da ist kein Platz für Liebe.

Obwohl eine beträchtliche Anzahl dieser Individuen sich für die Einsamkeit als Lebensform entscheiden, gibt es doch einige, die sich nach Fürsorge und Wohlbefinden sehnen und das Risiko einer festen Beziehung eingehen;

meist mit Menschen, die keine Ahnung haben, was sie erwartet. Der Leidensweg beginnt in dem Moment, da diese merken, dass der Mensch, in den sie sich verliebt haben, am ehesten einem Zombie ähnelt. Die typische Selbsttäuschungsformel der Opfer lautet: »Wir sind zusammen, wir lieben uns, aber wir wollen uns noch nicht festzulegen, es ist gut, wie es ist.« Liebe auf halber Kraft, wenn es so etwas gibt. Doch im Inneren rumort es. Die andere Stimme, die, auf die man nicht hört, formuliert die wirklich existenziellen Fragen: »Liebt er mich vielleicht gar nicht?«, »Werde ich am Ende doch als Mauerblümchen enden?« (es gibt übrigens auch männliche Mauerblümchen).

Julia, eine vierzigjährige Frau, liebte einen schizoid-einsiedlerischen Mann, mit dem sie seit vierzehn Jahren eine Beziehung führte. Sie wohnte allein und arbeitete als Chefsekretärin in einem Architekturbüro. Rodrigo, ihr Freund, lebte bei seiner jüngeren Schwester und arbeitete in einem Schuhgeschäft; obwohl er bald auf die Fünfzig zuging, war er noch unverheiratet. Wegen zunehmender Panikanfälle (sie hatte das Gefühl gefangen zu sein) und einer leichten Depression (sie fühlte sich einsam und ungeliebt) kam sie zu mir in die Praxis. Sie war niedergeschlagen und hatte allen Lebensmut verloren. Nach einigen Sitzungen lag ihr Beziehungsproblem klar auf dem Tisch. Julia wollte ein Kind, und er war dagegen. Sie hatte stets die Rolle der »offiziellen Verlobten« angenommen, obwohl die Lage ganz anders aussah, wenn sie unter sich waren. Geduldig und verständnisvoll hatte sie versucht, mit Rodrigos Unentschlossenheit und Unverbindlichkeit umzugehen; meisterhaft umschiffte er das Thema Hochzeit, konnte sich aber auch nicht zu einer Trennung von ihr aufraffen. Die meisten Schizoiden empfinden es als äußerst angenehm, jemanden zu haben, der zwar abhängig von ihnen ist und ihnen sozialen Halt gibt, ihnen aber niemals emotional zu nahe tritt. Julia beispielsweise war bloß dreimal in Rodrigos Wohnung gewesen, sie wusste nicht, wie viel er verdiente und wofür er sein Geld ausgab, noch kannte sie seine Zukunftspläne. Auch hatte sie nie jemanden von seiner Familie kennengelernt. Trotzdem waren sie in Gesellschaft und vor den wenigen Freunden, die sie hatten, stets als festes Paar aufgetreten. Ich glaube, insgeheim hofft jeder Schizoide darauf, jemanden zu finden, der seine schwarzen Löcher mit ihm teilt und sich auf eine Zweisamkeit in reinster Apathie einlässt.

Ihr Basislager war Julias Wohnung, in der er für die paar wenigen Tage, die er dort war, ein paar Kleider deponiert hatte. Den ersten Sex hatten sie nach vier Jahren Verlobungszeit; bei dieser Gelegenheit stellte sich auch heraus, dass Rodrigo beträchtliche Potenzstörungen hatte. Später kam es ungefähr alle drei bis vier Monate zu Sexualkontakt, doch stets unter denselben Schwierigkeiten und nahezu ohne jegliche Erotik. Schlimmer hätte es wohl kaum sein können.

Viele Männer und Frauen, die Opfer einer teilnahmslosen Liebe geworden sind, hoffen, dass ihr Partner eines Tages »aufwacht« und plötzlich die Liebe aus dem Hut zaubert, die er offenbar die ganze Zeit irgendwo aufgespart hat. Natürlich entbehrt diese Annahme jeglicher Grundlage, denn die Unverbindlichkeit und Distanziertheit des Schizoiden beruhen nicht auf Verdrängung oder Unwissenheit, sondern auf der schlichten Unfähigkeit, emotionale Informationen korrekt zu kodieren und weiterzuleiten. Hier geht es also nicht um eine freie Entscheidung wie beim Zölibat des Religiösen, der aus Berufung agiert, oder beim Eremitenleben des Weisen, der aus purer Überzeugung handelt: Beim Schizoiden haben wir es mit einem grundlegenden Unvermögen zu tun.

Hier ein Auszug aus einem Gespräch mit Julia:

Patientin: Ich bin es einfach leid... Ich will ja gar nicht den perfekten Partner oder einen tollen Typen, ich will nur eine ganz normale Beziehung. Jemanden, der mich mal in den Arm nimmt, der für mich da ist, der mich liebt... Von ihm ist noch nie etwas Zärtliches gekommen, oder dass er gesagt hätte, dass er mich liebt. Emotionale oder sexuelle Nähe kennt er gar nicht... Ich habe es ihm auf tausenderlei Art gesagt, ihn angefleht, ihn zu überzeugen versucht, ihm gezeigt, wie wichtig es ist, sich den eigenen Gefühlen zu öffnen, aber es ist, als redete ich gegen eine Wand... Ich meine, nach all den Jahren wäre es jetzt allmählich einmal an der Zeit zu heiraten und eine Familie zu gründen.

Die teilnahmslose Liebe

Therapeut: Und wie verhält er sich dazu?
Patientin: Gar nicht, er wechselt das Thema oder sagt, er hätte es nicht eilig...
Therapeut: Es ist wohl ziemlich schwierig für Sie, jemanden zu lieben, der sich nicht so verhält, wie Sie es sich wünschen...
Patientin: Mein Selbstwertgefühl ist völlig am Boden, und jeden Tag bröckelt es etwas mehr...
Therapeut: Und, warum bleiben Sie bei ihm? Warum wollen Sie unbedingt eine feste Beziehung, samt Hochzeit und Kindern und allem Drum und Dran, mit jemandem, der überhaupt nicht daran interessiert ist?
Patientin: Weil ich die Hoffnung nicht aufgebe... Ich weiß, das klingt dumm, aber es ist so... Ich glaube, irgendwann ist er bereit für die Beziehung, und sobald er sich wirklich darauf einlässt, wird ihn das verändern, und ihm wird klar, wie sehr er mich liebt...
Therapeut: Und falls er seinen Beziehungsstil gar nicht ändern kann? Was machen Sie dann? Wären Sie bereit, ihn zu verlassen und nach einer neuen Chance im Leben zu suchen? Sollten Sie sich dafür nicht einmal eine Grenze setzen?
Patientin: Nach vierzehn Jahren sind schon alle Grenzen überschritten!
Therapeut: Aber Sie wissen schon, dass es Dinge gibt, die unvereinbar sind, die man gar nicht miteinan-

der in Einklang bringen kann. Nur ein paar Beispiele: Sie wünschen sich eine Familie, und er will von Kindern nichts wissen, Sie sind eine sexuell aktive Frau, und er ist gefühlskalt, Sie sind emotional, er ist es nicht... Manchmal tut es weh, der Wahrheit ins Auge zu blicken, aber realistisch zu sein hilft...

Patientin: Aber er hat mir noch nie eine klare Absage erteilt...! Er druckst zwar herum, wenn ich aufs Thema komme, aber dass er mich nicht liebt, hat er auch noch nie gesagt...

Therapeut: Finden Sie nicht, sein Verhalten spricht eine deutliche Sprache?

Patientin: Ich will ihn nicht verlieren. Ich weiß, tief in ihm drin steckt ein zärtliches Wesen, das nur noch nicht zum Zug gekommen ist... Ich muss weitermachen...

Weiterkämpfen bis zum Schluss, Voranschreiten bis kurz vor den Abgrund, mit nichts anderem in der Hand als der Beharrlichkeit einer verqueren Liebe. Würde ein klares Nein von Rodrigo helfen, damit Julia die Dinge sieht, wie sie sind? Ich denke, ja. Aber das würde voraussetzen, dass er die Beziehung aufgeben und auf die Vorzüge des Zusammenlebens mit ihr verzichten möchte, was ziemlich unwahrscheinlich ist. Eine Annahme, die ich in einem späteren Treffen mit ihm bestätigt fand. Meine Frage war geradeheraus: »Warum lassen Sie sie nicht ihr Leben leben?

Seien Sie ehrlich mit ihr, nähren Sie nicht weiter falsche Hoffnungen. Wenn Sie sie nicht richtig lieben können, dann lassen Sie sie gehen...« Seine Antwort war knapp, aber ehrlich: »Ich wünsche ihr bestimmt nichts Schlechtes, und es macht mir auch nichts aus, mit ihr zusammen zu sein... Es gibt sogar Dinge, die mir an Julia gefallen, außerdem leistet sie mir gute Gesellschaft... Ich weiß nicht, was ich Ihnen noch sagen soll...« Sie ist noch immer mit Rodrigo zusammen, noch immer kämpft sie um diese unmögliche Liebe und hofft darauf, dass eines Tages Licht am Ende des Tunnels auftaucht.

Die uneinnehmbaren Gefühlswelten des emotionalen Einsiedlers

Der Schizoide hat im Grunde genommen ein passiv-aggressives Verhaltensmuster »überwunden« und den Konflikt zugunsten der eigenen Autonomie gelöst. Seine Grundstrategie besteht darin, im emotionalen wie im physischen Sinne einen streng abgegrenzten Bereich zu errichten; um die eigene Freiheit zu erhalten, wird jeglicher Zugang von außen verwehrt. Der Schizoide nimmt jeden Versuch einer persönlichen Kontaktaufnahme als Bedrohung wahr. Aus diesem Grund kommen sich die Partner von Schizoiden häufig wie Satelliten vor, die niemals zum emotionalen Kern ihres Gefährten vordringen. Viele der Opfer des einsiedlerischen Stils begnügen sich damit, um die emotionalen Mauern der geliebten Person herumzustreichen und nach einer Eingangstür zu suchen, durch die sie mit ihm oder ihr in Kontakt treten können – ergebnislos.

Die Liebesgrundlage des schizoiden Stils ist inakzeptabel, denn durch ihre Missachtung der *philia* (Freundschaft) und der *agape* (Zärtlichkeit) sabotiert sie das ethische Grundprinzip der Liebe. Folgende Verhaltensweisen zeigen, wie komplex dieses Liebesmuster funktioniert: »Meine Autonomie ist unantastbar« (Freiheitskult), »Ich verstehe deine Gefühle und Emotionen nicht« (emotionaler Analphabetismus) und »Ich komme auch ohne deine Liebe aus« (emotionale Selbstgenügsamkeit).

Freiheitskult
»Meine Autonomie ist unantastbar«

Niemand bestreitet, dass Autonomie für das seelische und emotionale Wachstum von unverzichtbarem Wert ist. Dennoch gilt es, zwischen vernünftiger Unabhängigkeit und zwanghafter Beziehungslosigkeit zu unterscheiden. Man könnte eine *ungesunde Abhängigkeit* definieren (intensiv, irrational und oftmals zwanghaft) und eine *gesunde Abhängigkeit* (selektiv, flexibel, konstruktiv und weniger intensiv als die erste), welche überlebenswichtig ist. Ein kleines Kind ist von seiner Mutter oder seinem Vater abhängig; jemand, der nicht schwimmen kann, braucht jemanden, der es kann, um einen Fluss zu überqueren; ein Kranker ist von medizinischer Hilfe abhängig. Zu meinen, man sei in allen Bereichen autonom, ist nicht nur falsch, sondern auch ein Zeichen von Arroganz. Wie es auch sei, der Schizoide sucht in der Einsamkeit einen Schonraum für seine Existenz, und auf diese Weise verwandelt sich die Unabhängigkeit in Isolation, Weltabgewandtheit und Sprachlosigkeit. Sein strategischer Rückzug ist eine Reaktion auf sein negatives Menschenbild (»Die Leute beobachten einen nur und sind aufdringlich«) und auf die Vorstellung von Liebe als einer Form der Sklaverei. Einen Schizoiden zu lieben ist, als umarmte man das Nichts.

Sein Verhalten lässt sich ganz gut am Bild des Treibsands erklären: Je mehr Liebe man einem Schizoiden entgegenbringt, desto tiefer wird man in Einsamkeit versinken, denn umso mehr wird er sich entfernen. Dem einsiedlerischen Menschen erscheint emotionale Hingabe als einengend und befremdlich. Ein Patient mit diesem Verhaltensmuster sagte besorgt zu mir: »Ich habe keine Ahnung, was passiert ist, aber ich glaube, ich habe mich verliebt, könnten Sie mir aus der Patsche helfen…? Ich will wieder ich selbst sein.« Manchmal, wenn die Verteidigung versagt, dringt der Liebesvirus ein, und die Schizoiden geraten in einen Konflikt von Anziehung und Ablehnung, den die Isolation stets für sich entscheidet. Für Schizoide bedeutet verliebt sein, an ein anderes Herz angekettet zu sein. Die Liebe berührt sie nicht, sie bedrängt sie, und man muss sie mit der Wurzel ausreißen, damit sie nicht wuchert.

Wer wäre wohl der geeignetste Partner für einen Schizoiden? Vielleicht ein anderer Schizoider, obwohl sie sich wahrscheinlich nach einer Zeit miteinander langweilen würden und jemanden weniger flüchtigen suchen, der ihnen gelegentlich Zutritt zum realen Leben verschafft. Eine andere Option ist die Cyberliebe, Internet-Beziehungen auf Distanz bei scheinbarer Nähe, unverbindlich und spielerisch – Kommunikation mit Lichtgeschwindigkeit, die Kamera macht's möglich. Wie geschaffen für einen wahren Schizoiden: Niemand weiß, wer man ist noch wo man wohnt, keiner kennt die eigene Geschichte oder ahnt, was man sonst im Schilde führt, und man kann ruhig lügen, ohne dass einem jemand dabei in die Augen schaut und einen auffliegen lässt. Cybersex? Prima, Masturbieren hat gegenüber Freiluftsex den Vorteil, dass einem niemand dabei auf die Pelle rückt, ganz abgesehen vom Horror der postkoitalen Kuschelei. Voyeurismus? Aber ja: Sie schauen lieber, als dass sie angeschaut werden, steigen lieber anderen hinterher, als dass ihnen nachgestiegen wird. Die virtuelle Gefühlswelt ist die ideale Lösung für jeden schizoid-einsiedlerischen Menschen, der dazu verdammt ist, auf einer Erde zu wandeln, auf der es nun mal auch andere Menschen gibt.

Emotionaler Analphabetismus
»Ich verstehe deine Gefühle und Emotionen nicht«

Wie bereits gesagt, leiden die Schizoiden unter einem gewissen emotionalen Analphabetismus und einem Mangel an Empathie. Konkreter: Es ist schwierig für sie zu deuten, was der andere fühlt. Laut Fremdwörterbuch bedeutet das Wort »Empathie«: »Emotionale Einfühlung und Anteilnahme an einer fremden Realität.« Fremde Realität, das heißt, der Andere, das Abgetrennte, das Unterschiedliche oder Entfernte, das sich einem aus Sympathie oder Liebe annähert oder einen mit einbezieht. Sich emotional nah zu sein heißt, für den anderen mitzudenken und mitzufühlen. Solange keiner dieser beiden Prozesse stattfindet, gibt es keine emotionale Bindung.

Die Mehrzahl der Schizoiden leidet unter einer psychischen Krankheit namens Alexithymie (Gefühlsblindheit), die in der Unfähigkeit besteht, eigene oder fremde Gefühle hinreichend wahrzunehmen und zu beschreiben. Ein Patient, der sich von seiner Frau nicht geliebt glaubte, sagte zu mir: »Sie kann nicht verstehen, wie ich mich fühle. Am Anfang glaubte ich, es sei Egoismus, aber jetzt ist mir klar, dass sie sich einfach nicht in meine Lage versetzen kann... Sie ist unempfänglich für meinen Schmerz oder meine Freude... Ich habe mich ein Jahr lang mit Depressionen herumgeschlagen, habe zweimal versucht, mich umzubringen, aber es war, als wäre nie etwas geschehen. Als ich ihr ihre Gleichgültigkeit vorgeworfen habe, hat sie nicht einmal verstanden, worin das Problem lag. Ich weiß noch, wie sie sagte: ›Aber eine Depression ist doch etwas ganz Normales, oder nicht?‹ Ich habe noch nie etwas Unterstützendes oder ein aufmunterndes Wort von ihr gehört... Mit so einem Menschen zu leben ist wie allein zu sein... Ich liebe sie nicht mehr, ich hasse sie zwar nicht, aber ich liebe sie auch nicht...« Die natürlichste Reaktion eines Menschen auf die beständige, systematische Unsensibilität seitens des Partners.

Vielleicht ist die teilnahmslose Liebe streng genommen gar keine Liebe. Wir wissen nicht genau, was sich im Kopf eines schizoiden Menschen abspielt und ob diese diffuse Mischung verzerrter Empfindungen und Wahrnehmungen ein emotionales Muster oder zumindest etwas Ähnliches generieren. Doch das ist weder Trost noch Rechtfertigung: Gleichgültigkeit ist eine Folter, sie tötet in Zeitlupe.

Emotionale Selbstgenügsamkeit
»Ich komme auch ohne deine Liebe aus«

Menschen, die unter emotionaler Abhängigkeit leiden, befinden sich gegenüber den schizoiden Einsiedlern genau am entgegengesetzten Pol der Skala. Die typischen Überlegungen der Abhängigen sind stark symbiotisch geprägt: »Ich kann nicht ohne dich leben«, »Du bist mein Ein und Alles« oder »Ich würde alles für dich tun«. Unter dem Einfluss starker Anhänglichkeit verwandelt sich die Liebe in

eine Obsession, deren einziger Zweck darin liegt »für den Partner zu leben«. Aber auch das andere Extrem ist schädlich: Radikale Gleichgültigkeit wirkt absolut vernichtend auf jemanden, der hofft, geliebt zu werden. Es macht einen Unterschied, ob man beteuert: »Es würde mir wehtun, dich zu verlieren, weil ich dich liebe; aber ich könnte auch ohne dich leben« oder: »Es ist mir egal, ob du bei mir bist oder nicht«.
Auch bei Paaren gibt es einen Kampf um Macht und die »emotionale Vorherrschaft«. Normalerweise liegt sie in der Hand desjenigen, der den anderen weniger braucht. Wenn ich leichter auf dich verzichten kann als du auf mich, bin ich klar im Vorteil. Wie man diese Macht einsetzt, ist eine andere Frage. Nun gut, was also das Sich-abmelden-Können aus der Beziehung angeht, so ist der Schizoide zweifellos um Längen voraus: Er bettelt nicht um Liebe, er verlangt nicht viel oder gar nichts, er fleht nicht, schlägt nie etwas vor und arbeitet nicht mit an der Verbesserung der Beziehung. Während einer Sitzung entwickelte sich das folgende Gespräch zwischen einer Frau, die ihren Partner offenbar liebte, und dem Mann, der ebenfalls vorgab, sie zu lieben:

Sie: Willst du, dass das mit uns zu Ende geht?
Er: Nein, nein... Ich weiß nicht, aber wenn du das willst, kann ich dich nicht aufhalten...
Sie: Aber du weißt doch, wie sehr ich dich liebe! Warum sagst du so was?

Er: (schweigt)
Sie: Vielleicht liebst du mich nicht?
Er: Ich? Doch... natürlich...
Sie: Aber warum bittest du mich dann um mehr Abstand...?
Er: Damit wir unabhängiger sind...
Sie: Ich fühle mich gar nicht eingeengt, ich bin gern mit dir zusammen.
Er: Ich ja auch, aber ich brauche mehr Raum...
Sie: Ich verstehe nicht, was dich stört.
Er: Ich weiß es ja auch nicht so genau...
Sie: Ich frag dich noch einmal, willst du, dass wir uns trennen?
Er: Was immer du willst, ist für mich gut, ich will dich zu nichts zwingen.
Sie: Dann würdest du es also hinnehmen, wenn ich sagte, ich wollte dich nicht wiedersehen? Du würdest mich nicht aufhalten?
Er: Ich würde abwarten, was passiert.
Sie: Also, liebst du mich nun oder nicht? Sei bitte einmal klar!
Er: (schweigt)
Sie: (weint)
Er: (schweigt)

Während der Sitzung identifizierte ich mich unweigerlich mit dem Schmerz und der Ungewissheit der Frau. Lassen wir mal ihre Anhänglichkeit außer Acht, so denke ich, dass wir – angesichts des drohenden Endes der Beziehung – doch alle von unserem Partner Anzeichen einer gewissen Verlustangst erwarten würden. Ich möchte hier weder der Eifersucht noch dem Festklammern das Wort reden, wohl aber dem Wunsch, für eine Liebe zu kämpfen, die es zu erhalten lohnt. Wenn der Mensch, den du liebst, mit allergrößter Leichtigkeit bereit ist, auf dich zu verzichten, liebt er dich wahrscheinlich nicht – oder er ist schizoid. Eine leblose, lethargische, leidenschafts- und begeisterungslose Liebe wird dich an den Rand der Verzweiflung bringen, wenn du sie nicht rechtzeitig aufgibst.

Schizoide Beziehungen – die Gründe

Die Eroberung als Herausforderung

Die drei im vorigen Abschnitt geschilderten Verhaltensweisen negieren das Wesen der zwischenmenschlichen Liebe an sich. Und dennoch lassen sich genügend Menschen entgegen jeglicher Vernunft auf das Spiel der teilnahmslosen Liebe ein. Vielleicht passiert das deshalb, weil der Schizoide am Anfang der Beziehung keineswegs als das »schwarze Loch« erscheint, das er ist. Niemand würde gleich vermuten, er sei nicht in der Lage, Zuwendung zu geben und zu empfangen. In der Eroberungsphase vermitteln Schizoide den Eindruck, respektvoll und etwas mysteriös zu sein, was auf einige Interessenten äußerst anziehend wirkt. Die Maskerade ist perfekt: Sie erscheinen a) als »gute Menschen«, denn solange sie sich nicht als belagert empfinden, handeln sie nicht aggressiv, b) als »respektvoll«, denn ihre Distanziertheit wird zunächst als Toleranz und Rücksichtnahme wahrgenommen, und c) als »mysteriös«, denn aufgrund ihrer panischen Angst vor jeglicher Einmischung halten sie sich in allen persönlichen Fragen meist sehr zurück. Sind diese Karten erst einmal ausgespielt, verwundert es weiter nicht, dass die Interessierten das Gefühl haben, sie hätten es mit jemanden zu tun, den sie besser kennen- und verstehen lernen wollen.

Was den Schizoiden tatsächlich zur öffentlichen Bedrohung macht, ist, dass seine »Defekte« erst hervortreten, sobald der Virus der Liebe übertragen und aktiv ist. Erst wenn man in einen solchen Menschen verliebt ist, kann man die Zurückweisung und die Kälte des emotionalen Einsiedlertums zur Gänze erfahren: Das ist das grausame Paradox. Um uns erst einmal in den Ring zu locken, sieht zunächst alles ganz harmlos aus, aber sobald wir die Arena betreten, tauchen wie aus dem Nichts die Stiere auf und gehen auf uns los. Ziehen wir uns zurück, lösen sich die Tiere einfach in Luft auf, bloß um wiederzukehren, sobald wir erneut den Platz betreten. Das ist die Falle, das ist der Albtraum – und die Liebe befindet sich exakt inmitten des Schlachtfeldes.

Nach langjähriger klinischer Erfahrung habe ich zumindest zwei negative Muster erkannt, die Menschen besonders anfällig machen für den schizoiden »Zauber«. Es sind die Folgenden: »Ich brauche jemanden, der meinen Freiraum respektiert« (persönlicher Vorbehalt/Unabhängigkeit) und »Für mich muss die Eroberung ein Kampf sein« (Herausforderung als Motivation). Wenn du dich in einer dieser Vorstellungen wiedererkennst und dein Partner schizoid ist, brauchst du sehr wahrscheinlich Hilfe.

Persönlicher Vorbehalt/Unabhängigkeit
»Ich brauche jemanden, der meinen Freiraum respektiert«»

Immer mehr Menschen finden, in einer guten Beziehung müsse jeder frei agieren können. Die Angst vor der Einschränkung unserer Freiheit nimmt in der globalisierten, ichbezogenen Welt ständig zu. Der Spruch »Ich liebe dich, aber mich selbst liebe ich auch« ist sehr verbreitet unter jungen Leuten, die die Liebe nicht als Opfer oder Sklaverei betrachten, sondern als eine Form demokratischen Austauschs. Aus dem bisher Gesagten ergibt sich die Frage: Welchen Eindruck hinterlässt ein Mensch mit schizoidem Beziehungsstil bei einem postmodernen Menschen, der seine Freiheit liebt und verteidigt? Vielleicht glaubt der, eine verwandte Seele vor sich zu haben, und nimmt die eigentliche Botschaft des Schizoiden gar nicht wahr: »Ich mische mich nicht in dein Privatleben ein, weil ich nicht möchte, dass du dich in meines einmischst.«

»Wie war es bei Ihrem Blind Date?«, fragte ich einmal eine Frau, die zu mir in die Sprechstunde kam. »Wir zwei sind aus demselben Holz geschnitzt«, antwortete sie mir mit einem breiten Lächeln. Sechs Monate später (das entspricht etwa der Inkubationszeit, in der das Gift des einsiedlerischen Stils sich im Opfer ausgebreitet hat) entdeckte sie, dass ihr neuer Liebster so verschlossen war wie ein Tresor, und der Zauber des Mysteriums war verflogen. Als sie merkte, was geschehen war, kam sie verschreckt und sehr verwirrt wieder zu mir in die Praxis: »Ich verstehe das nicht! Er sagt, er liebt mich, aber je mehr ich mich auf ihn zu bewege, desto mehr entzieht er sich.« Sie hatte die Botschaft des Mannes missverstanden. Der Vorschlag lautete nicht »Selbstständigkeit teilen«, sondern »Distanz bewahren«. Der Treibsand war zum Vorschein gekommen, und sie steckte bis zum Halse mittendrin.

Damit eine Beziehung gut läuft, reicht es nicht, genügend Raum zugestanden zu bekommen. Man muss auch innig geliebt, zärtlich behandelt und von Zeit zu Zeit sogar im Namen des Begehrens »besetzt« werden.

Herausforderung als Motivation
»Für mich muss die Eroberung ein Kampf sein

Dieses Muster habe ich vor allem bei Frauen beobachtet, die ihren Spaß daran haben, sich an schwierigen Eroberungen zu versuchen (was noch nicht bedeutet, dass sie Histrionikerinnen wären). Die Dynamik ist diese: Distanzierte Männer, die keinerlei Interesse an ihnen zeigen oder ihrer Anziehungskraft keine Beachtung schenken, werden automatisch zur Herausforderung für ihr Selbstwertgefühl. Es ist wie eine Selbsttaxierung. Ihr Antrieb ist in erster Linie egozentrisch: »Wie kann er es wagen, mich nicht zu beachten!«

Der Schizoide ist hier als Ansporn wie geschaffen. Irgendwann fragte ich eine Frau, warum sie unerbittlich versuchte, unnahbare Männer zu erobern. Ihre Antwort klang fast nach Alexander dem Großen: »Ich habe mir vorgenommen, seine Verteidigung zu durchbrechen und einzureißen ... Ich möchte die Erste sein, die dort hingelangt, wo noch keine je gewesen ist ... Das ist nicht nur aufregend, sondern erfüllt mich auch und stärkt mein Selbstwertgefühl ...«

Die Liebe in eine Art Kreuzzug zu verwandeln scheint mir nicht der beste Weg hin zu einer erfüllten Paarbeziehung zu sein. Es ähnelt wohl eher einer Risikosportart. Manche springen gern mit dem Fallschirm ab, fahren selbstmörderische Autorennen, durchpaddeln gefährliche Strömungen, erforschen verlassene Höhlen oder betreiben Tiefseetaucherei – andere verführen eben am liebsten Schizoide. Sie alle treibt das Doppelziel »Adrenalinkick plus Selbstverwirklichung« an. Anders als die Extremsportarten unterliegt die Übung, einen emotionalen Einsiedler zu betören, allerdings keinem Zeit- oder Streckenlimit, diese Aufgabe kann ein ganzes Leben lang dauern.

Die teilnahmslose Liebe

Therapeut: Was gefällt Ihnen an Julio?
Patientin: Er ist rätselhaft, er will und will nicht... Ich weiß nie, was er gerade denkt...
Therapeut: Ist das nicht etwas anstrengend?
Patientin: Solche seltsamen, exzentrischen und spleenigen Männer haben mich schon immer interessiert...
Therapeut: Haben Sie keine Angst davor, sich in jemanden zu verlieben, den Sie nicht enträtseln können?
Patientin: Rätsel ziehen mich an, außerdem – sobald er mir zu Füßen liegt, wird er mir sein Herz öffnen...
Therapeut: Aber dann ist auch Schluss mit dem Mysterium, und der Reiz des Enträtselns entfällt...
Patientin: Natürlich, sonst wäre es ja auch zu anstrengend... Mit der Liebe kommt die Ruhe, und alles klärt sich auf...

Oder verwirrt sich erst recht. Der Irrtum meiner Patientin lag in der Annahme, wenn der Schizoide erst einmal »erobert« sei, wäre er aus Liebe zu ihr geheilt, und dank seiner emotionalen Metamorphose würde sein Rätsel schließlich gelüftet. Falsch gerechnet. Gesund wäre es, sich nicht in eine wandelnde Hieroglyphe zu verlieben, sondern den Partner von Grund auf kennenzulernen und ein offenes, durchschaubares Liebesbündnis zu schließen. Interessant sind die Menschen, die etwas vorzuweisen haben, nicht die, die etwas verbergen.

Ist eine gesunde Beziehung mit einem schizoiden Menschen möglich?

Die einzige Möglichkeit, mit einem schizoiden Menschen zurechtzukommen, besteht darin, dass er aufhört, schizoid zu sein. Die meisten Leute finden sich damit ab, wenn ihr Partner eigenbrötlerisch und wenig kommunikativ ist. Aber es ist eine Sache, introvertiert zu sein – das ist noch hinnehmbar –, eine andere ist es, mangelndes Einfühlungsvermögen als Lebensart zu zelebrieren; eine Sache ist es, etwas zaghaft und schüchtern aufzutreten, eine andere, völlig starr zu sein. An Alexithymie kann sich niemand wirklich gewöhnen. Solange jemand unfähig ist, Liebe zu empfinden und auszudrücken, sie zu leben, zu deuten und Tag für Tag umzusetzen, gibt es keine Beziehung; so einfach, so grausam und so traurig schaut es aus.

Auf die Frage, wie man eine Beziehung mit einem schizoid-einsiedlerischen Menschen führen kann, lautet meine Antwort schlicht: »Man kann es nicht.« Was für viele, die unter der Gleichgültigkeit ihres Partners oder ihrer Partnerin leiden oder gelitten haben, auf der Hand liegt, ist für optimistische Gemüter oft nicht so leicht zu akzeptieren. Sie glauben fest daran, das Unveränderliche verändern zu können. Mancher bohrt nach: »Heißt das, ich muss alle Hoffnung fahren lassen?« Worauf ich antworte, dass Hartnäckigkeit nicht immer eine Tugend ist, vor allem, wenn die Würde des Menschen auf dem Spiel steht. Könnte es eine größere Erleichterung geben, als die Waffen zu strecken, weil man einsieht, dass die Schlacht sich nicht lohnt? Ein Leben in Gleichgültigkeit und emotionaler Vernachlässigung ist wider die menschliche Natur.

Emotionale Überlebensstrategien

Die Partner von Schizoiden müssen mit jemandem ringen, der mit Liebe nichts anzufangen weiß und mit ihr nicht umgehen kann. Die Verzweiflung darüber treibt sie häufig in zwei verschiedene Verhaltensweisen. Wer sehr verliebt ist und den Bruch fürchtet, versucht sich in einem heroischen Akt mit dem Partner zu solidarisieren: »Wenn er sich nicht verändern lässt, muss ich mich eben ändern.« Das Ergebnis? Ein echter und ein falscher Schizoider. Die zweite Verhaltensweise basiert auf einem Gefühl der Ohnmacht und Erschöpfung und zielt auf einen Schlussstrich ab: »Dies und das erwarte ich von meinem Lebenspartner. Entscheide du, ob du weitermachen willst oder nicht.« Schauen wir uns die beiden Strategien einmal genauer an.

Die Teilnahmslosigkeit als Lebensart hinnehmen und sich selbst in einen Schizoiden verwandeln

Eine solche Verwandlung ist nicht einfach, denn zum Schizoiden kann man nicht einfach werden, man muss auch die Voraussetzungen dafür haben. Man kann nicht willentlich zum Ignoranten mutieren, vor allem nicht im emotionalen Bereich. Wer sich zur Verwandlung entschlossen hat, kommt wohl kaum über eine oberflächliche Anpassung hinaus. Selbst wenn er es zu verbergen sucht: Im tiefsten Inneren sehnt er sich weiterhin nach einer erfüllenden und gesunden Liebe. Ich kenne Leute, die sich diese Rolle überstülpen und sich augenscheinlich sehr gut an ihren schizoiden Gefährten angepasst haben; und doch suchen sie in den freien Momenten nach sozialem, sexuellen oder zwischenmenschlichen Austausch, um die Leere einer Einsamkeit zu füllen, die der andere paradoxerweise in vollen Zügen genießt. Der Grundgedanke hinter dieser Strategie ist: »Jedenfalls bleibt mir die Beziehung erhalten.« Diese »existenzielle Imitation«, diese Angleichung nach unten zeigt, selbst wenn sie nicht gänzlich gelingt, früher oder später seelische Auswirkungen. Niemand kann alles ertragen.

Diese Haltung ist meist durch folgende Verhaltensweisen gekennzeichnet:

- Emotional gleichgültig werden und sich distanzieren (oder jedenfalls so tun als ob)

- Die sexuellen Bedürfnisse ändern, sublimieren und/oder unterdrücken (manche eröffnen Zweigstellen)
- Gut umrissene und begrenzte eigene Bereiche pflegen
- Meinungen oder Zuneigungsbekundungen unterdrücken, die den anderen in Verlegenheit bringen könnten
- Ein spärliches oder gar kein gesellschaftliches Leben als Paar führen
- Sich daran gewöhnen, überallhin allein zu gehen
- Aus der Einsamkeit eine Lebensform machen
- Nichts vom anderen erwarten
- Die Schwelle zum Glück derart hoch legen, dass nur die wenigsten Dinge noch glücklich machen können

Wenn der Mensch, den du liebst, schizoid-einsiedlerisch ist, braucht er professionelle Hilfe, daran führt kein Weg vorbei. Lehnt er diese trotz deines Beharrens ab, gibt es drei Möglichkeiten: er passt nicht zu dir, er liebt dich nicht oder es ist ein Karma. Die Strategie, gleichfalls in die schizoide Rolle zu schlüpfen, birgt jedenfalls einen tiefen Widerspruch in sich: Aus Liebe verzichtest du auf die Möglichkeit zu lieben.

Sich nicht mit der emotionalen Kälte abfinden und umfassende Liebe einfordern

Auch wenn diese Strategie bei Lebenspartnern von schizoiden Menschen sehr verbreitet ist – ein harter Konfrontationskurs in Sachen Liebe wird sich über kurz oder lang als sinnlos herausstellen. Liebe lässt sich nicht erzwingen, genauso wenig wie Respekt. Wer glaubt, er könne sein Recht, geliebt zu werden, einfordern, setzt voraus, dass sich beim emotionalen Einsiedler eine innere Revolution vollzieht und er sich in einen geselligen, zugewandten und zärtlichen Menschen, in einen feurigen Liebhaber verwandelt – die pure sentimentale Utopie.

Sollte der Schizoide die Vorteile seiner festen Beziehung in Gefahr sehen, wird er eine oberflächliche Veränderung anstreben und sich verhalten, »als wäre er emotional normal«. Das ist eine rein strategische Maßnahme. Ein einsiedlerischer Patient, dem die Therapie scheinbar sehr geholfen hatte, verschlug mir fast die Sprache, als er mir den Grund seiner Freude verriet: »Meine Frau fährt in Urlaub, und ich bleibe allein zu Hause... Endlich kann ich für ein paar Tage so sein, wie ich wirklich bin!« Ein großartiger Simulant, zweifelsohne.

Betrachten wir ein paar typische Verhaltensweisen für diese Grundhaltung:

- Nicht auf Gefühle verzichten und klarmachen, dass sich etwas in der Beziehung ändern muss
- Die extreme Abgrenzung und das distanzierte Verhalten nicht hinnehmen; festlegen, welche Dinge gemeinsam gemacht werden und welche nicht; das Sozialleben verbessern
- Mehr Engagement verlangen, mehr Einsatz für die Partnerschaft und mehr aktive Teilnahme des anderen

- Klarstellen, dass die Beziehung sich nicht weiterentwickelt, solange sich an seiner Art und Weise, Liebe zu empfangen, zu geben und zu teilen nichts ändert
- Sexualität und Erotik aufpeppen
- Sich häufiger und deutlicher mitteilen

Die Liste könnte noch beliebig fortgesetzt werden, aber es liefe immer wieder auf das Gleiche hinaus: die Notwendigkeit, dem anderen mehr Menschlichkeit einzuhauchen, damit er sich endlich ein wenig der Liebe öffnet. Falls du das tatsächlich vorhast, dann beantworte dir ehrlich die Frage: Sind deine Gefühle, deine Einsatzbereitschaft und deine Frustrationstoleranz wirklich groß genug?

Bis wohin lässt sich verhandeln?

Jeder Veränderungsprozess eines Schizoiden *muss* psychologisch professionell begleitet werden. Damit sich das Gehirn des emotionalen Einsiedlers in gewissem Maße sozialisiert, braucht es Hilfe von außen. Bleibt die Frage: Was lässt sich im Sinne einer weniger krankhaften Paarbeziehung mit dem Schizoiden aushandeln? Einige seiner Eigenschaften sind per se schlecht oder schädlich, hier kann es keine Kompromisse geben. Wie ließe sich denn eine Übereinkunft in punkto Gefühlskälte treffen? Etwa dass der Partner weniger kalt ist? Oder in Sachen Nachlässigkeit oder Teilnahmslosigkeit? Dass er weniger gleichgültig ist? Beim emotionalen Einsiedler gibt es nur wenig echten Verhandlungsspielraum.

Ja, Menschen mit einer leichten schizoiden Störung könnten an ihrem Abgrenzungsverhalten arbeiten und auch an dem Gedanken, dass alle Menschen Eindringlinge in ihre Privatsphäre sind. Ihre Sozialphobien ließen sich verringern und auch die Vorstellung von sich selbst als sonderbarem Wesen, das nicht in diese Welt passt. Doch in der Regel empfinden ihre Partner diese Veränderungen als unzureichend, da die zugrunde liegende Lieblosigkeit damit längst nicht behoben ist. Ich glaube, ein Großteil der möglichen Verbesserungen bei Schizoiden ließe sie womöglich besser in der Gesellschaft zurechtkommen. Das bedeutet allerdings noch lange nicht, dass sie enge und gesunde emotionale Verbindungen eingehen können. Sei es, wie es sei, die Entscheidung liegt bei dir.

Schizoide Menschen rechtzeitig erkennen

Im Prinzip ist jeder verdächtig, der sich hinter allzu viel Geheimniskrämerei und übertrieben defensivem Verhalten verschanzt. Der Schizoide begnügt sich damit, formell und freundlich zu sein, scheut aber jede Art von Fragen und Handlungen, durch die er sich emotional auf jemand anderen einlassen müsste. Auch paranoide und manche zwanghafte Menschen fürchten die Einmischung anderer in ihr Leben, doch sind dem Schizoiden sowohl der Verfolgungswahn des Paranoiden als auch der Ordnungsfimmel des Perfektionisten völlig fremd.

Alexithymie lässt sich nicht leicht verbergen. Mangelnde verbale und gestische Ausdrucksfähigkeit und das karge Innenleben, das sie kennzeichnet, bleiben kaum unbemerkt. Ihre monotone Redeweise und der Mangel an Vitalität und Energie sind ähnlich augenfällig wie beim Passiv-Aggressiven. Ein Schizoider wird nur wenige Freunde haben, und auffallend ist, dass er auf die Meinung anderer nichts gibt, genauso wenig wie auf fremden Schmerz oder Freude.

Am deutlichsten zeigt sich der schizoide Stil aber, wenn es um Themen wie Liebe, Freundschaft, Leidenschaft, Phantasien oder Mitgefühl geht. Das heißt um Fragen, in denen ein höheres Maß an Menschlichkeit und Sensibilität gefragt ist. Bereits nach wenigen Treffen wird sich der Anziehungs-Abstoßungs-Prozess einstellen: Je näher du ihm kommst, um so weiter wird er sich von dir entfernen; je mehr Freundlichkeit du ihm entgegenbringst, desto mehr wird er auf Distanz gehen. Und sehr rasch seid ihr beim Katz-und-Maus-Spiel angelangt.

Hier ein paar Merkmale, an denen du dich vielleicht orientieren kannst:

- Die Gefühlsäußerungen des Schizoiden werden schlicht sein und wenig Ausdruckskraft haben.

- An engen Beziehungen findet er keinen großen Gefallen. Er wird sie widerwillig hinnehmen, aber auch nur, wenn er sich damit zu nichts verpflichtet.
- Du wirst merken, dass du in allem und fast immer die Initiative ergreifen musst. Doch verfolgt er mit seiner Trägheit keine subversiven Absichten wie der Passiv-Aggressive, sondern »es ist ihm einfach egal«, denn er kann sich für nichts begeistern.
- Es wird sich um eine recht einsame Person handeln, die nur wenige Freunde und bislang ein äußerst dürftiges Liebeslieben hatte.
- Fragst du ihn nach seinen Träumen oder Wünschen, wird sich herausstellen, dass seine Ziele und sein imaginatives Innenleben sehr beschränkt sind. Er leidet unter übergroßem Realismus und kann sich kaum etwas vorstellen, das über die Wirklichkeit hinausgeht.
- Er vermittelt den Eindruck einer Person, die immun ist gegenüber der Kritik und dem Lob von anderen.
- Beim Thema Liebe wird es ihm unbehaglich werden, und er wird nicht ins Gespräch einsteigen.

Ähnlich wie beim antisozialen Stil zeigt sich beim schizoiden Beziehungsmuster ein Höchstmaß an Teilnahmslosigkeit: Beim einen ist diese aktiv, beim anderen passiv. Doch während der Antisoziale versucht, dich mit seiner streitlustigen Art zu verführen, um nachher von dir zu profitieren, ist der Einsiedler auf Gelegenheitsbeziehungen aus, die ihm nicht allzu viel emotionalen Einsatz abverlangen.

Der schizoide Stil gibt nichts, er empfängt nichts, er genügt sich selbst.

Ratschläge für schizoid veranlagte Menschen

Zieh die anderen nicht in deine Welt hinein. Ich weiß, dass du Unterstützung brauchst, um dich in der Gesellschaft zu bewegen, der du wohl oder übel angehörst, aber allein aus diesem Grund brauchst du dich in niemanden zu verlieben. Warum vertraust du deinem Partner nicht deine »wahren Absichten« an? Es wäre eine Erleichterung für dich, und du könntest dir so die »lästigen Nachstellungen« vom Halse schaffen. Stelle deine eigene Kosten-Nutzen-Rechnung auf, und du wirst sehen, ich habe recht. Enthebe deinen Partner seiner verzweifelten Hoffnung und lass ihn gehen. Wer weiß, vielleicht findest du sogar jemanden, der dir ähnelt und die Einsamkeit genauso schätzt wie du.

Betrachtest du einmal deine persönliche Geschichte, so bist du womöglich in Familienverhältnissen aufgewachsen, in denen es sehr förmlich, streng und reserviert zuging. Das kann zu deiner emotionalen Distanziertheit gegenüber Menschen geführt haben, zu einer unverbindlichen Art, Beziehungen einzugehen. Ich stelle mir eine gefühlsmäßig eher kalte und distanzierte Familie vor, in der nicht viel geredet wurde. Auch ist nicht auszuschließen, dass gewisse biologische und erbliche Aspekte an der Ausprägung deines Liebesmusters, wenn man es so nennen darf, beteiligt waren. Wie gesagt, in deinem Fall ist professionelle Hilfe unumgänglich. Lass wenigstens einen Therapeuten in deine Welt hinein.

Ich stimme dir zu: Jeder hat ein Recht darauf, als Eremit zu leben und sich in eine verlassene Berghöhle zurückzuziehen. Allein sein zu wollen ist eine respektable Daseinsform. Schwer hinzunehmen ist allerdings, dass du einen anderen Menschen da mit hineinziehst, indem du ihm eine Liebe in Aussicht stellst, die du weder geben noch empfangen kannst. Autonomie und Liebe schließen einander nicht aus. Es ist wahr, viele Menschen verlangen zu viel, nehmen einen komplett in Beschlag oder machen sich emotional von einem abhängig, aber du übertreibst, wenn du glaubst, die ganze Welt sei so. Was dir fehlt? Zärtlichkeit, Einfühlungsvermögen, ein Gefühlsleben. Erich Fromm sagte: »Liebe ist eine aktive Kraft im Menschen. Sie ist eine Kraft, welche Wände niederreißt, die den Menschen von seinem Mitmenschen trennen, eine Kraft, die ihn mit anderen vereinigt.« Dabei sprach er nicht von dummer, dürftiger und vergiftender Liebe, sondern von wahrer Liebe – voller Begehren, Freundschaft und Leidenschaft. Und welche Schlüsselwörter beschreiben dich am ehesten? Absonderung und Teilnahmslosigkeit.

8 Die chaotische Liebe

Der emotional instabile
oder Borderline-Stil

*Geh nicht mit der Liebe um
wie das Kind mit seinem Ballon:
Hat es einen, spielt es mit ihm,
verliert es ihn, weint es.
Spanisches Sprichwort*

Die chaotische Liebe

Menschen mit einem Borderline-Beziehungsstil sind – neben anderen dysfunktionalen Eigenschaften – impulsiv, emotional unausgeglichen, widersprüchlich, launenhaft, unsicher, selbstzerstörerisch und suchtgefährdet. Ihr Temperament ist unvorhersehbar und explosiv, ein bunter Cocktail aus unkontrollierten Eindrücken und Gefühlen, in dem die Liebe täglich chaotischere und nervenaufreibendere Formen annimmt. Wer die Gefahrenzeichen übersieht und in ihre Schusslinie gerät, für den wird es böse enden. Wenn wir bei den schizoid Veranlagten von »schwarzen Löchern« gesprochen haben, so sind Borderliner Supernovä (die Definition für »Supernova« lautet: helles Aufleuchten eines Sterns durch eine Explosion, bei der der Stern selbst vernichtet wird.)
Alberto war vier Jahre lang mit einer Borderlinerin verlobt. Den Grund für seinen Besuch in meiner Praxis beschrieb er so: »Ich verstehe nicht, warum ich mich ausgerechnet in sie verliebt habe, wo es so viele Frauen gibt... Am schlimmsten ist, dass ich sie einfach nicht verlassen kann; ich liebe sie trotz all ihrer Wutausbrüche, ihrer Höhen und Tiefen, ihrer Eifersucht und ihres Alkoholismus, den sie nicht behandeln lassen will... Sie hat dieses Jahr schon mindestens sechsmal mit mir Schluss gemacht und mich dann jedes Mal wieder angerufen und um Verzeihung gebeten... Sie ist voller Widersprüche: Nach außen macht sie so einen unabhängigen Eindruck, ist aber innerlich vollkommen abhängig; sie liebt mich, und gleichzeitig hasst sie mich; manchmal ist sie zärtlich, dann wird sie plötzlich ge-

Die chaotische Liebe

walttätig, es kommt alles zusammen! Sie ist einfach unberechenbar... Sie hat sogar schon versucht, sich das Leben zu nehmen... Einmal, nach einem heftigen Streit, hat sie mich um vier Uhr früh angerufen, um mir mitzuteilen, dass sie Tabletten genommen hat. Ich habe kaum ihre Stimme erkannt, als sie mich um Hilfe gebeten hat. Ich bin zu ihr in die Wohnung gerannt, und da lag sie mit verzerrtem Gesicht und krampfenden Händen... Ein schockierender Anblick. Ich habe einen Notarztwagen gerufen und bin mit ihr ins Krankenhaus gefahren... Ein andermal, wir waren am Strand, und ich hab einer Frau nachgeschaut, da ist sie ins Meer gegangen und wollte sich ertränken, sie hat gesagt, wenn Alfonsina Storni[1*] das konnte, kann ich es auch... Ich weiß nicht, was ich noch tun soll...« Später hatte ich die Gelegenheit, Patricia, so hieß die Frau, kennenzulernen und ein paar Monate mit ihr zu arbeiten, bevor sie nach London zog, nachdem sie zum soundsovielten Mal mit ihrem armen Verlobten Schluss gemacht hatte. Ich gebe hier einen Teil unseres ersten Gesprächs wieder, aus dem sich die wesentlichen Eigentümlichkeiten des emotional instabilen beziehungsweise Borderline-Stils ablesen lassen:

[1*] Die Argentinierin Alfonsina Storni Martignoni (1892–1938) zählt zu den großen Wegbereiterinnen der lateinamerikanischen Frauenliteratur. Sie ertränkte sich im Meer und kündigte diesen Suizid in einem Gedicht an, das sie vor ihrem Tod an eine Zeitung schickte. (Anm. d. Übers.)

Patricia: Ich weiß, dass mit mir etwas nicht stimmt, aber das war schon immer so... Keine Ahnung, was ich hier soll, ich hab kein Vertrauen in die Psychologen, ich sollte gehen!
Therapeut: Haben Sie vorher schon einmal Hilfe in Anspruch genommen?
Patricia: Ein- oder zweimal... Als Jugendliche wollte ich mir das Leben nehmen... Das beeindruckt Sie, oder? Ich schwöre, ich hätte nie gedacht, dass man das so einfach sagen kann. Die Leute reden nicht gern über diese Dinge, aber seit ich den *Tractatus logico-philosophicus* von Wittgenstein gelesen habe, ist mir so manches aufgegangen... Haben Sie ihn gelesen?
Therapeut: Ich hab's versucht, aber es hat mich gelangweilt...
Patricia: (lacht) Sie sind herrlich! Ich finde Sie süß...! Sind Sie verheiratet?
Therapeut: Ja.
Patricia: Ihre Frau kann sich glücklich schätzen...
Therapeut: Erzählen Sie mir von sich, was empfinden Sie für Alberto?
Patricia: Ich liebe ihn von ganzem Herzen... Auch wenn ich nicht weiß, ob ich für eine feste Beziehung geschaffen bin...
Therapeut: Na, immerhin haben Sie ihn Ihren Eltern vorgestellt, und Sie haben sich verlobt... Man könnte meinen, die Sache wäre ernst...

Patricia: Ich finde es wunderbar, verlobt zu sein! Ich bin nicht fürs Alleinsein geschaffen, es ist nur so, dass er mir nicht genügend Sicherheit gibt...

Therapeut: Was für eine Art Sicherheit meinen Sie?

Patricia: Ich glaube nicht, dass er mich liebt.

Therapeut: Mal sehen... Sie haben gesagt, Sie wären nicht für eine Beziehung geschaffen, aber auch dass Sie nicht allein sein können, hab ich das richtig verstanden?

Patricia: Ja. Manchmal denke ich so, und dann denke ich wieder anders...

Therapeut: Glauben Sie nicht, dass solche Schwankungen sich auf eine Beziehung auswirken könnten und auf das seelische Gleichgewicht jedes Einzelnen?

Patricia: Ich glaube, Sie sind parteiisch.

Therapeut: Nein, ich bin nur am Gelingen Ihrer Partnerschaft interessiert.

Patricia: (steht vom Stuhl auf und geht im Kreis im Raum umher) Dann zeigen Sie ihm, wie man ein echter Mann ist!

Therapeut: Wieso denken Sie, dass er das nicht ist?

Patricia: (schlägt auf den Stuhl) Er liebt mich nicht, er liebt mich nicht, er liebt mich nicht!

Therapeut: Ich glaube, er mag Sie sogar sehr!

Patricia: Ich habe gesagt, »er liebt mich nicht«, nicht, dass er mich nicht »mag«. Sie müssten den

	Unterschied eigentlich kennen… Sie glauben also, dass er mich liebt?
Therapeut:	Was glauben Sie denn?
Patricia:	Ich weiß es nicht… (weint) Bei mir ist immer alles schief gelaufen! Alles ist so schwierig! Ich weiß nicht, was ich mit meinem Leben anfangen soll!
Therapeut:	Ich schlage vor, an diesem Punkt arbeiten wir noch ein wenig, was meinen Sie?
Patricia:	(lacht) Sie sind ein Schatz!

Ein paar Tage nach Patricias Abreise kam Alberto zu mir in die Sitzung und schien wie verwandelt. Er war gekommen, um sich zu verabschieden: »Ich glaube, meine Probleme sind gelöst… Seitdem sie weg ist, habe ich wieder begonnnen zu leben, und im Moment will ich keine Beziehung mit irgendjemandem…« Seine Stresssymptome, die mit der emotionalen Verstrickung zu tun hatten, waren vollständig verschwunden.

Auf Messers Schneide

Liebe wie auf glühenden Kohlen, immer auf der Kippe zwischen Angst und Wahn. Liebe mit hohem Risiko, unberechenbar und überraschend, die dich hilflos und dumm dastehen lässt. Partner von Menschen mit Borderline-Syndrom beschreiben ihre Situation wie ein Leben auf Messers

Schneide, jeder Versuch zur Verbesserung der Beziehung scheint diese tatsächlich nur zu verschlechtern. Ich gebe zu, Verblüffung und Überraschung könnten eine Partnerschaft auch verbessern, da die völlige Durchschaubarkeit der geliebten Person ziemlich bald langweilig werden kann. Eine gesunde Beziehung verlangt allerdings auch nach einem Mindestmaß an Stabilität, die das Verhalten des anderen absehbar macht, seine Signale verständlich und seine Bedürfnisse deutbar – man muss schließlich wissen, mit wem man es zu tun hat. Unglücklicherweise ist eine solche Stabilität mit einer Borderline-Persönlichkeit kaum zu erreichen, da ihre Gemütszustände genauso wechselhaft wie unergründlich sind. Um es noch deutlicher zu sagen: Versuchst du, deinen Partner zu beschreiben, und findest weder Worte dafür noch kannst du in klare Gedanken fassen, wer oder wie er ist, dann bist du womöglich mit einem Borderliner zusammen.

Die Schlüsselbegriffe für diesen Stil sind Unbestimmtheit und Instabilität. Je mehr du dich verliebst, umso verwirrter wirst du sein, je mehr du dich auf ihn einlässt, desto stärker wird das Gefühl, mit dem Feuer zu spielen. Du verwickelst dich in ein Gespinst aus gegensätzlichen Gefühlen und widersprüchlichen Verhaltensweisen, dem du nicht so leicht wieder entkommst. Heute wirst du mit Liebe überschüttet, und morgen kehrt man dir vollständig den Rücken zu; heute weihen sie dich in ihre sämtlichen Zukunftspläne ein und morgen nicht einmal den nächsten Schritt; heute treibt sie die Panik um, verlassen zu werden, und morgen bitten sie dich zu gehen. Innerhalb eines Tages kann alles Mögliche passieren.

Menschen, die sich trotz allem auf diesen emotional instabilen Stil einlassen, müssen sich mit folgenden krankhaften Mustern auseinandersetzen: »Ich weiß nicht, wer ich bin, noch was ich will« (fragmentierte Identität), »Ich kann nicht mit dir leben, aber auch nicht ohne dich« (Verlassenheitsängste/Misstrauen) und »Ich liebe und ich hasse dich« (emotionale Instabilität). Spätestens an dieser Stelle erklärt sich wohl auch das Bild von der emotionalen Supernova.

Fragmentierte Identität
»Ich weiß nicht, wer ich bin, noch was ich will«

Eine gefestigte, gut ausgeprägte Identität setzt eine reifes Verständnis des eigenen Ich voraus: zu wissen, wer man ist, wohin man im Leben will und wie man sich in die Gesellschaft einfügt. Fehlt das, ist eine reife Liebe nicht möglich, und Identitätskrisen führen zu tiefer Verwirrung bezüglich der Rollen im gegenwärtigen und künftigen Leben. Eine solche Unbestimmtheit bringt Orientierungslosigkeit in der Liebe und Angst vor Einsamkeit mit sich. Normalerweise prüft sich das Ich im »Solo-Zustand« und renkt sich wieder ein; beim Alleinsein findet ein stärkerer innerer Dialog statt, und es kommt zu einem Zugewinn an Selbsterfahrung und zu einer besseren Selbsteinschätzung. Für eine emotional instabile Persönlichkeit kann die Erfah-

rung der direkten Selbstkonfrontation jedoch ausgesprochen furchterregend sein. Das Alleinsein konfrontiert sie mit dem Gefühl absoluter, existenzieller Leere.
Werden wir geliebt und haben das Gefühl, diese Liebe auch verdient zu haben, dann machen wir sie uns problemlos zu eigen und spiegeln sie wieder. Besitzen wir aber nicht genügend Selbstwertgefühl und kein gut organisiertes Ich, wird die Information, dass wir geliebt werden, nicht entsprechend weitergeleitet: Wir zweifeln an der Glaubwürdigkeit der uns entgegengebrachten Liebe. Ein gut ausgestatteter emotionaler Empfänger hingegen, einer, der sich selbst liebt, verwandelt die ihm entgegengebrachte Liebe und gibt sie verstärkt zurück.
Identitätsprobleme gehen mit einem geringen Selbstwertgefühl einher. Ich erinnere mich an eine sehr unsichere Frau, die in größte Verlegenheit geriet, sobald sie von Männern umworben wurde; sie fürchtete, sie fänden beim näheren Kennenlernen heraus, dass sie keine besonders wertvolle Person sei, und glaubte, ihre Zuwendung nicht verdient zu haben. Ihr Lieblingssatz war: »Ich bin eine Mogelpackung.« Im Rahmen einer Gruppentherapie mit Menschen, die sich selbst nicht mochten, bat ich die Teilnehmer darum, schriftlich die Frage »Wer bin ich?« zu beantworten. Den meisten war diese Übung unbehaglich, doch eine der Anwesenden reagierte besonders verstört. »Wer bin ich? Was für eine Frage. Darüber habe ich noch nie nachgedacht...«, sagte sie besorgt. Ein paar Minuten später überreichte sie mir einen Zettel, auf

dem in Großbuchstaben stand: »Ich bin die Frau meines Mannes.«

Bleibt die Frage: Wie kann man mit jemandem zusammen sein, der sich selbst nicht kennt und dem es an Eigenliebe mangelt? Wenn man die Liebe als einen harmonischen Austausch positiver Fantasien versteht, so würde sie bei einem emotional instabilen Menschen nicht fruchten können, denn das ist jemand, der zu einem solchen Austausch nur wenig oder gar nichts beizutragen hat.

Verlassenheitsängste/Misstrauen
»Ich kann nicht mit dir leben, aber auch nicht ohne dich«

Die oben genannten Identitätsprobleme bringen eine große Angst vor Einsamkeit und dem Verlassenwerden mit sich. Paradoxerweise ist dieses Verlassenheitsgefühl beim Borderline-Stil mit der Angst vor Nähe verbunden: »Ich will bei dir sein, aber ich glaube nicht an dich«, die Angst sich zu verlieben und die Trennungsangst befinden sich im selben Paket. Eine Zeile aus einem argentinischen Volkslied fasst diesen Konflikt zwischen Anziehung und Ablehnung treffend zusammen: »Nicht mit dir und nicht ohne dich heilt mein Schmerz; mit dir werd' ich getötet, und ohne dich muss ich sterben...« Zwei fest miteinander verknüpfte emotionale Ängste, die sich gegenseitig nähren: die Angst davor, dich zu lieben, weil du mich sicher verlassen wirst,

Die chaotische Liebe

und die Angst, dich zu verlassen, weil ich dich liebe. Die Intimität, die eigentlich ein Quell der Freude sein sollte, ist damit im Voraus zum Scheitern verurteilt.

Der Schizoide bewältigt seine Angst vor der Nähe, indem er sich vom anderen entfernt; der Abhängige löst seine Phobie vor dem Alleinsein, indem er sich an jemanden anklammert; der emotional Instabile aber bleibt im offenen Widerspruch stecken, indem er vom einen Extrem ins andere schwankt, ohne je eine konkrete Lösung für sein Problem zu finden. Anders gesagt: Das Drama des emotional instabilen Stils besteht darin, eine abhängige Beziehung leben zu *wollen*, ohne sie jemals eingehen zu *können*, ohne dafür ausgestattet zu sein. Das ist im Prinzip so, als hätte jemand Durst, und es gelänge ihm weder die rettende Wasserflasche zu öffnen noch sie zu zerschlagen, um an ihren Inhalt zu kommen. So wird die Liebe ein zugleich ersehntes und verhasstes Gut.

Beim Paradox der chaotischen Liebe treffen drei dysfunktionale Muster aufeinander: »Ich bin schwach und verletzlich« (Abhängigkeit/Inkompetenzempfinden), »Die Menschen sind schlecht und gefährlich« (Misstrauen/Missbrauchserfahrung) und »Ich bin eine Mogelpackung« (Scheitern/geringes Selbstwertgefühl). Wo also anfangen? Kaum verwunderlich, ist eine der größten Sorgen der Partner dieser Kandidaten die Frage: »Mit welcher Persönlichkeit habe ich es wohl heute zu tun?« Einmal erkundigte ich mich bei einem Patienten, der mit einer Borderlinerin verheiratet war, wie es ihm in seiner Beziehung gehe. Der

Mann antwortete mit einer gewissen Portion an schwarzem Humor: »Die letzten vierzehn Tage war, was selten genug vorkommt, die anschmiegsame zärtliche Frau aktiv, also geht's mir sehr gut... Mal schauen, mit wem ich's nächste Woche zu tun kriege...«

Der zwischenmenschliche Teufelskreis, in dem sich emotional instabile Persönlichkeiten bewegen, ist eine einzige Folter für alle Beteiligten. Sehen wir uns den typischen Ablauf einmal an:

- Aus Angst, nicht geliebt oder verlassen zu werden, verfallen sie innerhalb der Beziehung in ein Unterwürfigkeitsmuster.
- Die bevorzugte Unterwerfungsstrategie ist die des »vollendeten Martyriums«. Sie geben sich gegenüber ihrem Partner als selbstlos und aufopferungsvoll, scheinbar ohne auch nur irgendetwas im Gegenzug zu erwarten, während sie sich in Wahrheit bloß gegen eine mögliche Trennung schützen wollen.
- Da ihre Partnerschaft nie den Level erreichen wird, auf dem sich emotional Instabile vollständig aufgehoben fühlen, werden sie aus lauter Frust Wutausbrüche sowie aggressive und/oder selbstzerstörerische Verhaltensweisen an den Tag legen.
- Aus den genannten Gründen wird sich der Partner distanzieren, was der emotional Instabile wiederum als Bestätigung dafür ansieht, nicht liebenswert zu sein.

Ein Kreislauf, perfekt dazu geeignet, sich wieder und wieder ins emotionale und existenzielle Vakuum zu stürzen. Denn wer könnte solchen Persönlichkeiten das richtige Maß zeigen?

Emotionale Instabilität
»Ich liebe und ich hasse dich«

Eine der psychischen Hauptursachen für emotionale Instabilität ist das »dichotomische« oder Schwarz-Weiß-Denken. Die Einschätzungen emotional instabiler Menschen schwanken zwischen zwei entgegengesetzten Polen hin und her: alles oder nichts, gut oder schlecht, Erfolg oder Scheitern. Die extreme Auslegung belangloser Begebenheiten führt zu undurchschaubaren und scheinbar launenhaften emotionalen Reaktionen. Ich erinnere mich an eine Patientin, deren Seelenzustände im Rhythmus ihrer Erinnerungen wechselten. Erinnerte sie sich an positive Züge ihres Partners, empfand sie ihm gegenüber große Zärtlichkeit (»Er ist die Liebe in Person«), und dachte sie an seine negativen Seiten, so führte das zu tiefer Ablehnung (»Er ist ein verabscheuungswürdiger Mensch«). Für ihren Partner war es ganz und gar unmöglich diese Schwankungen vorherzusehen, denn sie unterlagen einem inneren Prozess, auf den weder er noch sie Einfluss hatte.
Ein anderes Beispiel ist ein Mann mit Borderline-Zügen, der ständig zwischen dem Gedanken des Scheiterns und

des Erfolgs hin und her pendelte und sich entsprechend irritierend gegenüber seiner Partnerin verhielt. Überfiel ihn der Gedanke: »Ich tauge gar nichts«, lehnte er jegliche Annäherungsversuche ihrerseits ab. Er glaubte, er habe die Zuwendung nicht verdient. An anderen Tagen wiederum hielt er sich für Superman persönlich und war sicher, er sei zu Höherem bestimmt. Dann pochte er stark auf sein »Recht, geliebt zu werden«. Ein geradezu oszillierendes Selbstwertgefühl, unentschieden und sehr strapaziös. Seine Frau fragte sich jeden Morgen wieder: »Mit welchem Gedanken ist er wohl heute aufgestanden?« Wäre das vorhersehbar, so müsste man immer noch herausfinden, wie man mit dieser wankelmütigen Gefühlswelt zurechtkommt. Sich seelenruhig an die emotionalen Purzelbäume anpassen? Oder sich retten und die Reißleine ziehen, um sich von der Ankettung an diesen Wirbelsturm zu befreien?

Ein Herr fortgeschrittenen Alters erzählte mir einmal Folgendes: »Der Psychiater hat mir gesagt, meine Frau sei manisch-depressiv und leide unter einer Borderline-Persönlichkeitsstörung, ich müsse also Geduld mit ihr haben… Aber wie kann ich das tun? Soll ich etwa ruhig zusehen, wie sie Drogen nimmt, auf die Enkelkinder einschlägt oder sich anstößig kleidet…? Ich kann nicht so tun, als ob alles gut wäre, und mit ihr ins Bett gehen, wenn sie mir noch eine halbe Stunde zuvor gesagt hat, ich sei der übelste aller Männer und sie wolle sich von mir trennen… Das soll ich so einfach wegstecken?«

Emotional instabile Beziehungen – die Gründe
Der Zauber des Paradoxen

Masochismus, chronische Langeweile, pathologische Verliebtheit – die Ausstrahlung von Menschen mit dem emotional instabilen Stil könnte prinzipiell jeden anziehen, der sich nach starken Emotionen sehnt. Aus diesem Grund richten sich vor allem antisoziale Menschen gern in der Hochspannungsanlage der Borderliner ein. Sie funktionieren gut miteinander, denn Antisoziale fühlen sich durch die chaotische Kraft der Beziehung nicht gestört, sondern ganz im Gegenteil gut unterhalten. Da Leidenschaft oder Liebe ihnen fremd sind, empfinden sie die chaotische Liebe als aufregendes, buntes Überraschungspaket.

Menschen mit dem emotional instabilen Beziehungsstil können sehr anziehend wirken, sobald sie gerade mit der stabilen Seite ihrer Persönlichkeit verbunden sind. Die Energie, die sie verströmen, ihre gute Laune, Intelligenz und lockere Umgangsart wirken auf manch einen verführerisch. Ich erinnere mich an ein schönes Mädchen, für das ich als Jugendlicher schwärmte, vor allem wegen ihrer literarischen Ader. Etwas ließ mich im Handumdrehen für sie entflammen: Ich las ihr damals Gedichte von Giuseppe Ungaretti vor, und sie begann ihn plötzlich in makellosem Italienisch zu zitieren. Das allein haute mich schon um. Aber da war noch mehr. Sie kleidete sich extrem eigenwillig, folgte keiner Mode und bewegte sich vollkommen frei. Sie hatte ein ansteckendes Lachen, und aus ihren Augen blitzte ein gewisser Schalk, der immer leicht über die Stränge schlug. Außerdem widmete sie sich stets voll und ganz den Dingen, die sie tat, ihre Leidenschaft war wie ein großes Feuer, das mich offenbar völlig gebannt hatte. Doch nach einigen Wochen machte sich eine ganze Serie seltsamer Verhaltensweisen bemerkbar: Selbstverletzungen, Untreue, Identitätskrise, Drogenkonsum. Täglich kam etwas Neues dazu. Die Sache spitzte sich zu, und allmählich wuchsen die Probleme zu einer drohenden Lawine heran. Ich fühlte mich vollkommen machtlos: Für jedes gelöste Problem traten unerwartet drei oder vier neue zutage. Dieses emotionale Durcheinander stieß mich nicht ab, sondern zog mich immer tiefer hinein in das Zentrum ihres pathologischen Verhaltens, und als ich schon dachte, ich könnte vor lauter Aufregung und Sorge nicht mehr, holte mein Körper von irgendwoher Kräfte herbei, um weiterzumachen. Sogar heute, nach so vielen Jahren, empfinde ich das, was mich damals angezogen hat, noch als positiv, aber ich weiß auch: Hätte ich damals gewusst, welchen Preis ich dafür bezahlten müsste, hätte ich sehr wahrscheinlich auf diese Glücksmomente verzichtet.

Sobald bei emotional instabilen Persönlichkeiten einmal ein paar Stunden oder Tage lang Ruhe herrscht, hegen ihre Partner die Illusion, die »schlechte Seite« habe sich verabschiedet und sei spontan durch die »gute Seite« ersetzt worden. Eine völlig unbegründete Hoffnung. Die seelischemotionale Dissoziation der chaotischen Liebe braucht *immer* professionelle Hilfe.

Ist eine gesunde Beziehung mit einem emotional instabilen Menschen möglich?

Mit der passenden Therapie mindern sich womöglich die Gefühlsausbrüche, und der Tornado verwandelt sich in einen tropischen Sturm, der leichter handhabbar wird. Es wird keinen verheerenden Tsunami mehr geben, wohl aber Überflutungen. Jeder entscheidet selbst, wie tief er sich da hineinbegeben möchte. Ich möchte hier nur eines festhalten: Auch wenn sich durch psychologischen und/oder psychiatrischen Beistand die emotional instabile Persönlichkeit ein klein wenig festigt, wird sich das in den seltensten Fällen direkt in ihrer Liebesbeziehung niederschlagen, denn gerade dies ist ihre Achillesferse. Im Intimen treten ihre wahren Probleme am schärfsten zutage.

Wenn auf gesunde Art zu lieben bedeutet, eine Verbindung mit möglichst wenig Leid und pathologischen Merkmalen einzugehen, dann bin ich, was den emotional instabilen Stil angeht, wenig optimistisch. Vielleicht bei den leichten Fällen? Manche Borderliner werden sicherlich weniger schwer zu ertragen sein. Letztlich kommt es natürlich auch darauf an, was man von seiner Partnerschaft erwartet. Sollte unser Liebesmodell – wie in der Einleitung beschrieben – darauf angelegt sein, sich um jeden Preis aufopfern zu wollen, dann entspricht das Festhalten an einer Borderline-Beziehung natürlich unserer Vorstellung von bedingungsloser Liebe. Jemand mit einem anderen Modell, bei dem das Verhältnis zwischen Eigenliebe und Liebe zum Partner ausgeglichener ist, wird mit Sicherheit nach einer weniger schmerzhaften Beziehungsform suchen. Es liegt an jedem selbst.

Emotional instabile Menschen rechtzeitig erkennen

Ich glaube nicht, dass man besondere Fähigkeiten dazu braucht, um diesen Stil zu erkennen. Am Anfang wird es eine überwältigende Erfahrung sein, ähnlich wie bei einer histrionischen Person, aber das Ganze noch verzehnfacht und völlig ungebremst. Die emotional instabile Persönlichkeit wird mit ihrem Charakter nicht hinterm Berg halten, im Gegenteil, sie wird sich offenherzig und freimütig zeigen. Möglicherweise manifestieren sich gleich zu Beginn emotionale Schwankungen, das Bedürfnis zu gefallen oder paradoxe und widersprüchliche Verhaltensweisen. Im Unterschied zum Histrioniker ist der emotional Instabile durchaus auf der Suche nach Sex und starken Erfahrungen – wie auch nach einer charakterfesten Begleitung auf seinem Lebensweg. Man kann sich dieser Mischung aus Verführung, Extravaganz, überbordendem Gefühl und Aufrichtigkeit kaum entziehen. Vielleicht kommt eine gewisse Streitlust zum Vorschein, wo du sie am wenigsten vermutest, und dein Gegenüber beginnt scheinbar grundlos zu widersprechen. Sollte sich das Gespräch um emotionale Fragen drehen, könnte eine gewisse Manipulationsabsicht spürbar werden: Emotional instabile Menschen wollen sich deiner Aufmerksamkeit vergewissern und dich unter ihrer Kontrolle wissen.

Alles in allem lässt sich ein Borderline-Liebesmuster kaum verbergen. Kennst du seine Grundzüge, wirst du es leicht ausmachen können. Du brauchst dich bloß hinzusetzen, zu reden, und die Supernova wird ihr Feuerwerk zünden.

Ratschläge für emotional instabil veranlagte Menschen

Ich verstehe, wie du dich fühlst. Das Leben erscheint dir als unenträtselbares, existenzielles Chaos. Wenn es kein »Selbst« gibt, das sich liebevoll um einen kümmert, wenn man nicht weiß, wer man ist und was man soll, kann man furchterregende Einsamkeitserfahrungen machen. Dir wird bereits klar sein, dass deine Art mit Emotionen umzugehen unangemessen ist und dass du mit deinem Wankelmut die Gefühle genau der Menschen verletzt, die du zu lieben behauptest, bevor du in Selbstmitleid versinkst. Jeder ist davon betroffen. Bei genauer Betrachtung wird dir auffallen, dass du dir deine Falle meist selbst baust: Zum Beispiel indem du scheinbar grundlos eine gut gehende Beziehung beendest oder wie zur Selbstbestrafung deine eigenen Ziele sabotierst. Warum hast du so große Angst davor, verlassen zu werden? Warum liebst du dich nicht genug? Warum fürchtest du dich so sehr vor Nähe? Warum greifst du dem Verlassenwerden voraus? Dass deine Strategien zum Liebeserhalt weit übers Ziel hinausschießen, ist ja wohl klar: Manipulation, Erpressung und Drohungen erzeugen genau den gegenteiligen Effekt, das hast du sicherlich bereits am eigenen Leib erfahren.

Ein stabiles und realistisches Bild vom eigenen Ich zu bekommen, klare Ziele festzulegen, zu lernen mit den extremen Emotionen umzugehen, vor allem aber den Konflikt der mangelnden Selbstliebe zu beheben – all das sind Aufgaben, die du lösen musst, um zu einem relativ »normalen« Gefühlsleben zu kommen. Du wirst dazu professionelle psychologische oder psychiatrische Hilfe benötigen. Die Wissenschaft entdeckt täglich neue Möglichkeiten zur Behandlung solcher Probleme, man darf die Sache also mit einem gewissen Maß an Optimismus betrachten.

Warum du so bist, wie du bist? Es könnte verschiedene Gründe dafür geben. Borderline-Persönlichkeitsstörungen können nicht mit einer alleinigen Ursache erklärt werden, es handelt sich um ein ganzes Bündel verschiedenster Faktoren. Betrachtest du deine Vergangenheit, stößt du womöglich auf emotionale Probleme in der Kindheit oder auf Konflikte deiner Eltern, die distanziert waren oder dir keine emotionale Sicherheit geben konnten. Du solltest auch wissen, dass etwa siebzig bis achtzig Prozent der Borderline-Persönlichkeiten sexuellem oder physischem Missbrauch ausgesetzt waren. Im Rückblick lassen sich gewiss verschiedene Störfaktoren feststellen, aber du bist nicht völlig bestimmt durch deine Vergangenheit. Sicherlich beschränkt oder behindert sie deine seelische Entwicklung, doch daran kannst du in vielerlei Hinsicht arbeiten. Möglicherweise haben auch erbliche Voraussetzungen, eine genetische Disposition oder ein biochemisches Ungleichgewicht dein Wesen beeinflusst.

Wie du dich gegenüber deinem Partner verhalten sollst? Lass ihn nicht leiden. Mach dir das zur Aufgabe. Öffne dich der Liebe deines Partners, und du wirst Erleichterung verspüren; das Vertrauen in ihn wird deinen Konflikt zwischen Anziehung und Abstoßung lindern. Es gibt keinen Grund, dem Menschen, den du am meisten liebst, dein Problem aufzuhalsen. Wenn er dir helfen will, soll er das tun, aber zieh ihn dabei nicht mit hinunter. Benutze deine Beziehung nicht als Entschuldigung, andere oder dich selbst zu verletzen. Dazu ist die Liebe nicht gedacht.

Schlusswort

Die gesunde Liebe: Werte und »Antiwerte«

Eine gesunde Liebe basiert auf Menschenwürde. In einer gesunden Liebe gehen beide Partner davon aus, dass Liebe das menschliche Potenzial fördert und entwickelt. Die gesunde Liebe beruht auf einem starken Gefühl der Wertschätzung, das nicht so leicht zu erschüttern ist. Sie ist ein Quell der Freude und Zärtlichkeit, sie ist Begehren, Bewunderung und Begleitung. Sie ist nicht perfekt, wird aber sehr gewürdigt, auch ohne dass sie übernatürliche Erwartungen erfüllt – sie ist ebenso real wie realistisch. Eine wohlkalkulierte Liebe, ohne Konjunkturschwankungen, genau richtig bemessen, nah, kostbar, geachtet – aber eben nicht unzerstörbar.

Leider zerbricht diese lebendige, beglückende Liebe unter der Last gewisser irrationaler Liebesmuster. Menschenliebe ist niemals unerschöpflich. Die Beziehungsstile, die wir in diesem Buch kennengelernt haben, bringen eine Vielzahl negativer Werte mit sich. Diese stehen dem normalen Verlauf eines emotionalen Prozesses in mancherlei Hinsicht im Weg. Präventiv- und Aufbaumaßnahmen sollten darauf abzielen, diese negativen Werte durch positive Werte zu ersetzen. Durch Werte, die ein angenehmes, liebevolles Miteinander ausmachen, in dem Lust, Freundschaft und Zärtlichkeit (*eros*, *philia* und *agape*) zu gleichen Teilen existieren.

Schlusswort

Eine gesunde Liebe ist nicht von Anfang an vorhanden und sie bleibt nicht für alle Zeiten in vollendetem Maße erhalten. Sie bildet vielmehr den Orientierungspunkt, den wir im Auge haben, um uns an der Seite der geliebten Person neu erfinden zu können. Sie ist eine exquisite Mischung aus Verstand und Gefühl – im Dienste eines friedlichen Paarlebens.
Betrachten wir nochmals den negativen Kern der beschriebenen dysfunktionalen Beziehungsstile und schauen, welche Werte und Qualitäten jeweils fehlen:

1. Das zudringliche, exhibitionistische Wesen des histrionischen Menschen steht im Widerspruch zum Wert der **Einfachheit**. Leichter anzunehmen und zu genießen ist eine spontane und ungezwungene Liebe, die sich gibt, wie sie ist, ohne unnötige Ausschmückungen oder Übertreibungen. Einfachheit muss nicht um Aufmerksamkeit ringen, sie *ist* bloß. Sie erreicht das Herz des anderen auf natürlichem Weg. Das soll nicht heißen, dass wir auf alle Fantasien und Zugaben verzichten sollten, die das erotische Spiel und den Wunsch zu gefallen im Allgemeinen begleiten. Ich meine nur, man sollte nicht »süchtig nach Accessoires« werden und den anderen gierig als Appetithappen betrachten, auch wenn man ihn noch gar nicht in Händen hält. Koketterie ist ein Gewürz, eine Dreingabe, aber kein Grundnahrungsmittel, kein Zweck an sich. Man kann seine Verführerrolle auch so gestalten, dass die Fantasie bloß den Anlass dazu gibt,

den anderen zu erkunden und sich an ihm zu erfreuen. Es geht nicht darum, *was* man tut, sondern *wie* man es tut. Auch wenn die Verführungskunst ein unverzichtbarer Teil des Liebesspiels ist, zeigt sie sich besser überraschend, als Geschenk. Jede Leidenschaft zerfällt, sobald die geliebte Person vorhersehbar wird.

2. Das Misstrauen des paranoiden Menschen zerstört das **Grundvertrauen** – das Wissen, dass der Mensch, den man liebt, einem niemals absichtlich wehtun würde. Dies Grundvertrauen ist womöglich das Einzige, das wir mit Gewissheit von der Liebe erwarten dürfen. Diese Gewissheit entsteht, wenn man den *Freund* und nicht den *Feind* liebt. Der paranoide Stil lehrt uns, dass eine von Misstrauen durchtränkte Liebe zur Tortur wird. Eine Liebe unter Verdacht ist zum Scheitern verurteilt. Ein Zitat von Miguel de Unamuno lautet: »Dein Misstrauen beunruhigt, dein Schweigen beleidigt mich.« Wenn dein Partner nicht an dich glaubt, hängst du immer zwischen Verfolgung und Anklage fest. Der paranoide Beziehungsstil beruht außerdem auf unterstelltem Betrug, und hier mangelt es an einem weiteren Wert: **dem guten Glauben**, der darin besteht, jemandem zu vertrauen, allein weil er glaubhaft ist, ihn als ehrlich, treu und nahestehend zu empfinden wie einen nächsten Verwandten, als solidarischen Kumpel, Gefährten oder Geliebten. Was das Gegenteil vom paranoiden Stil ist? Den anderen zu lieben, sämtliche Geheimnisse preiszugeben, die Mauern des Argwohns

einzureißen und sich dem anderen in Zärtlichkeit zu nähern.
3. Die subversiven Strategien des passiv-aggressiven Menschen weisen auf einen Autoritätskonflikt hin. Ihm fehlt eine angemessene Form zur Verteidigung seiner Autonomie und er kann nicht auf Sabotage und Psychoterror verzichten. Diese mangelnde emotionale Offenheit steht im Widerspruch zur **Selbstbehauptung**, der Fähigkeit, negativen Gefühlen in gesellschaftlich akzeptabler Art und Weise Ausdruck zu verleihen. Freundlich Nein zu sagen, höflich um etwas zu bitten, bei allem Respekt seine Grenzen zu ziehen, dies alles hat nichts mit Aggression zu tun. Hierbei werden weder die Rechte anderer verletzt noch geht es um Überrumpelung oder Machtmissbrauch, sondern allein um Ehrlichkeit. Ohne **emotionale Offenheit**, die Direktheit, die aus reifer Liebe entsteht, gibt es keine dauerhafte Beziehung. In einer stabilen Verbindung kann durchaus ein gewisses Ungleichgewicht herrschen, Unterschiede müssen nicht unterdrückt und Nichtübereinstimmung muss nicht gefürchtet werden. All dies kann im Gegenteil auf kluge Weise in den Alltag integriert werden und so als Bereicherung des Ganzen dienen. Wie sollen wir dem geliebten Menschen jemals nahekommen, wenn wir nicht frei heraus sagen können, was wir denken?
4. Durch seinen Egoismus und seine Egozentrik ist der Narzisst meilenweit entfernt von den Werten der **Bescheidenheit** und der **Solidarität**. Eine gesunde Bezie-

hung mit jemandem, der an Größenwahn leidet und sich seinem Partner überlegen fühlt, ist unmöglich. Gerechtigkeit und Mitgefühl (nebst anderen Tugenden) leiden, sobald das Ego überhandnimmt. Zwei Wege führen zur Bescheidenheit: Das Bewusstsein der eigenen Schwächen und die realistische Einschätzung der eigenen Kräfte. Die Bescheidenheit ermöglicht eine Annäherung von Gleich zu Gleich, ohne Geringschätzung oder Übervorteilung des anderen. Die drei Varianten des Egos: Egoismus, Egozentrik und Selbstverherrlichung stellen extrem negative Werte dar, die sich den pluralistischen und partnerschaftlichen Zügen der Liebe widersetzen. Wie soll ich dich erkennen, wenn ich in mir selbst gefangen bin? Zwei weitere positive Werte, mit denen dem Narzissmus entgegengesteuert werden kann, sind **Einfühlungsvermögen** und **Selbstkritik**. Wenn ich mich an deine Stelle versetzen kann und lerne, an mir selbst zu zweifeln, dann nimmt die Liebe Gestalt an und formt sich, wie es sein soll, vierhändig.

5. Perfektionismus und Kontrollzwang des zwanghaften Stils führen zu einer Erstarrung des Geistes, zu einem Festklammern an Pflichten und Klassifikationen. Die Liebe erstickt unter so vielen Normen und Regeln, sie büßt nicht nur an Freiheit ein, sondern verliert auch ihre **Flexibilität**. Eine rigide Liebe hemmt. In einer Paarbeziehung, in der man sich jeder Veränderung widersetzt, kann man sich nicht entwickeln, denn lieben heißt schöpferisch sein. Der zwanghafte Stil steht zudem im Gegensatz zu ei-

Schlusswort

nem zweiten Wert: der **Bewunderung**. Bewunderung ohne Liebe existiert, aber Liebe ohne Bewunderung niemals. Es ist unmöglich, Gefallen am Wesen des anderen zu finden, an seinen Zielen, an dem, was die andere Person ausmacht, solange der Blick sich allein auf seine Fehler richtet.

6. Die Gewalt, die der antisoziale Mensch ausübt, wirkt sich als negativer Wert auf sämtliche zwischenmenschlichen Bereiche aus. Wenn jemand nur auf Streit, Übervorteilung und Ausnutzung des anderen fixiert ist, werden für die Liebe unverzichtbare Werte wie zum Beispiel Sympathie oder Gegenseitigkeit gar nicht erst ausgebildet. Wo Gewalt vorherrscht, verschwindet der **Respekt**, beide sind grundsätzlich unvereinbar. Wie Erich Fromm sagte: »Liebe und Gewalt sind unversöhnliche Widersprüche.« Das steht völlig außer Zweifel. Ein zweiter Wert als Gegenstück zur Antiliebe dieses Beziehungsstils ist der **Friede**, der nicht die Abwesenheit des *Konfliktes* ist, wie André Comte-Sponville definiert, sondern von *Krieg*. Und ich möchte hinzufügen, dass Friede auch nicht die Abwesenheit von Wut ist, denn Wut kann in einer Beziehung durchaus notwendig und angebracht sein. Um in Frieden mit jemandem zusammenzuleben genügt es jedoch nicht, den Geist »abzurüsten« und die Gemüter zu beschwichtigen, man muss die **Sanftheit** kultivieren: darauf verzichten, den anderen leiden zu lassen. Sanftheit ist das Gegenteil von Brutalität und Grausamkeit.

7. Die Teilnahmslosigkeit des schizoiden Menschen steht im Widerspruch zu dem, was die Liebe ausmacht. Der andere wird weder gesehen noch gespürt, weshalb die »Liebe« unverbindlich, kalt und distanziert bleibt. Diese Form emotionaler Apathie steht im Widerspruch zu den Werten der **Zärtlichkeit** und der **Empathie**. Der schizoide Einsiedler ist nicht in der Lage, emotional Kontakt aufzunehmen. Eine Beziehung ohne Zuwendung und Rücksichtnahme, ohne Streicheleinheiten und gemeinsames Lachen, ohne Umarmungen und Koseworte, ohne »Ich liebe dich« und Küsse ist eine Totgeburt. Der Ausdruck positiver Empfindungen ist womöglich das Hauptnahrungsmittel einer Paarbeziehung, deshalb ist eine Liebesbeziehung ohne Empathie nicht vorstellbar. Ohne die emotionale Anteilnahme am Leben des anderen schwindet die Liebe, denn sie verliert ihren vitalen Antrieb. Wenn Mitgefühl (»Ich freue mich an deiner Freude«) und Mitleid (»Dein Schmerz ist mein Schmerz«) fehlen, gibt es keine Verbindung: Ich deute dich nicht, ich spüre dich nicht, ich verstehe dich nicht, ich kann dich nur im Außenbereich meines Daseins ausmachen. Ob das Liebe ist?
8. Wie wir gesehen haben, machen die Instabilität und die übrigen pathologischen Züge des emotional instabilen Beziehungsmusters die Liebe zu einer chaotischen Erfahrung. Der emotionale Wirbelsturm, für den diese Art zu lieben steht, ist mit vielen negativen Affekten verbunden: unter anderem mit Unkontrolliertheit, Un-

ausgeglichenheit und ausufernder Wut. Um in Mihály Csíkszentmihályis Worten zu sprechen, wird die Liebe nicht als »optimale Erfahrung« erlebt, sie ist nicht in Bewegung und ruft keine tief erlebte Freude hervor. Es ist eine völlig beliebige Liebe, die sich selbst behindert. Die emotional instabile Persönlichkeit empfindet sich nicht als Herrin über ihre Gefühle, sie verfügt über kein inneres Schema, nach dem sie ruhig und angemessen handeln kann. Diese rätselhafte und konfuse psychoaffektive Struktur entbehrt vor allem zweier Werte: der **Selbststeuerung** und der **Selbstkenntnis** – und damit der Fähigkeit, sich um sich selbst zu kümmern, die eigene Identität zu umreißen und das Leben konstruktiv zu gestalten. Wie bereits gesagt, eine chaotische Liebe ist eine emotionale Supernova, in der es eine unendliche Anzahl von Gefühlsexplosionen gibt, die weder Sinn noch Richtung haben. Die gesunde Liebe hingegen regelt sich selbst, organisiert sich rund um den anderen und das eigene Ich.

Um nicht in die Fallen der gefährlichen Beziehungsstile zu tappen, nicht in das destruktive Spiel ihrer pathologischen Erscheinungsformen zu geraten, genügt es nicht, sich ihrer bloßen Existenz bewusst zu sein. Es braucht dazu auch eine gewisse emotionale Reife. Man muss langsam vorgehen, sich die nötige Zeit nehmen, um zu schauen und zu denken, bevor man in den Ring steigt, man muss sich selbst genügend lieben, um sich nicht zum Spielball einer zweifelhaften Liebe machen zu lassen.

Schlusswort

Wenn du bei der Lektüre des Textes bis hierhin gelangt bist, wird dir eines klar geworden sein: Um dich aus den Fallstricken einer ungesunden Liebe zu befreien, musst du nicht nur wissen, was du willst, sondern auch, was du *nicht* willst. Wer in einer früheren Beziehung gescheitert ist, besitzt also bereits eine unschätzbar wertvolle Information: Er hat herausgefunden, was er nicht erträgt, was ihm missfällt und was für ihn unverhandelbar ist. Es ist das Wissen um das Nein, das uns hilft, die Kränkungen und das unnötige Leid zu vermeiden, welche aus einer unerträglichen und hochgefährlichen Beziehung entstehen.

Literatur

Aaronson, C. J., Bender, D. S., Skodol, A. E., Gunderson, J. G. (2006) *Comparison of attachment styles in borderline personality disorder and obsessive-compulsive personality disorder.* The Psychiatric Quarterly, 77, 69–80.

Arendt, H. (1995) *Elemente und Ursprünge totaler Herrschaft.* München: Piper.

Beck, A. T., Freeman, A., Davis, D. D. et al. (2004) *Cognitive Therapy of Personality Disorders.* New York: The Guilford Press.

Beck, J. S. (2005) *Cognitive therapy for challenging problems.* New York: The Guilford Press.

Bernstein, R. (2002) *Radical Evil.* New York: New School University.

Bilbeny, N. (1995) *El idiota moral.* Barcelona: Anagrama.

Bornstein, R. (1998) *Implicit and self-attributed dependency needs in dependent and histrionic personality disorders.* Journal of Personality Assessment, 71, 1–14.

Boyd, T., Gumley, A. (2007) *An experimental perspective on persecutory paranoia: a grounded theory construction.* Psychology and Psychotherapy, 80, 1–22.

Brommer, I., Brune, M. (2006) *Social cognition in »pure« delusional disorder.* Cognitive Neuropsychiatry, 11, 493–503.

Caballo, V. E. (2004) *Manual de trastornos de la personalidad.* Madrid: Síntesis.

Cale, E. M., Lilienfield, S. O. (2002) *Histrionic personality disorder and antisocial personality disorder: sex-differentiated manifestations of psychopathic?* Journal of Personality Disorders, 16, 52–73.

Combs, D. R., Michael, C. O., Penn, D. L. (2006) *Paranoia and emotion perception across the continuum.* British Journal of Clinical Psychology, 45, 19–31.

Cramer, V., Torgersen, S., Kringler, E. (2007) *Sociodemographic conditions, subjective somatic health, Axis I disorders and personality disorders in the common population: the relationship to quality of life.* Journal of Personality Disorders, 21, 552–568.

Echeburúa, E. (1998) *Personalidades violentas.* Madrid: Pirámide.

Ferrer, A., Londoño, N. E. (2004) *Prevalencia de los trastornos de personalidad en estudiantes universitarios de la ciudad de Medellín.* Facultad de Psicología, Universidad de Antioquia, Colombia.

Friesen, M. D., Fletcher, G. J. O., Overall, N. C. (2005) *A dyadic assessment of forgiveness in intimate relationships.* Personal Relationships, 12, 61–77.

Girardi, P., Moncano, E., Prestigiacomo, C. et al. (2007) *Personality and psychopathological profiles in individuals exposed to mobbing.* Violence and Victims, 22, 172–189.

Glover, D. S., Brown, G. P., Fairbum, C. G., Shafran, R. (2007) *Preliminary evaluation of cognitive-behaviour therapy for clinical perfectionism: a case series.* British Journal of Clinical Psychology, 46, 85–94.

Gordon, R. M. (2006) *I love you madly*. New York: BookSurge Publishing.

Gratz, K. L., Rosenthal, M. Z., Tull, M. T., Lejuez, C. V., Gunderson, J. G. (2006) *An experimental investigation of emotion dysregulation in borderline personality disorder*. Journal of Abnormal Psychology, 115, 850–855.

Hare, R. D. (1999) *Without conscious*. New York: The Guilford Press.

Haselton, M. G., Mettle, D. (2006) *The paranoid optimist: An integrative evolutionary model of cognitive biases.* Personality and Social Psychology, 10, 47–66.

Hopwood, C. J., Morey, L. C. (2007) *Psychological conflict in borderline personality as represented by inconsistent self-report item responding.* Journal of Social and Clinical Psychology, 26, 1065–1076.

James, L. M., Taylor, J. (2007) *Impulsivity and negative emotionality associated witch substance use problems and Cluster B personality in college students.* Addictive Behaviors, 32, 714–725.

Kantor, M. (2006) *The psychopathy of everyday life*. New York: Praeger.

Kim, H. K., Capaldi, D. M. (2004) *The association of antisocial behaviour and depressive symptoms between partners and risk for aggression in romantic relationships.* Journal of Family Psychology, 18, 82–96.

Klosko, J., Young, J. (2004) *Cognitive therapy of borderline personality disorder.* In: Robert, L. L. (Ed.) Contemporary cognitive therapy. New York: The Guilford Press.

Londoño, N. E., Maestre, K., Marín, C. A., Schnitter, M., Castrillón, D., Ferrer, A., Chaves, L. *Validación del cuestionario de creencias centrales de los trastornos de la personalidad (cce-tp), en la población colombiana.* Avances en psicología latinoamericana.

Loza, W., Hanna, S. (2006) *Is schizoid personality a forerunner of homicidal or suicidal behaviour? A case study.* International Journal of Offender Therapy and Comparative Criminology, 50, 338–343.

Luna, I. M. (2003) *Trastornos de personalidad y género.* Avances: Asociación Colombiana de Psiquiatría biológica, 4, 21–27.

Luna, I. M. (2007) *El trastorno limítrofe de la personalidad y su comorbilidad con el trastorno bipolar.* Trastornos de ánimo, 3, 85–99.

Malach Pines, A. (2005) *Falling in love.* New York: Routledge.

Martin, C. D. (2006) *Ernest Hemingway: A psychological autopsy of a suicide.* Psychiatry, 69, 351–361.

Martin, M. M., Cayanus, J. L., McCutcheon, L. E., Maltby, J. (2003) *Celebrity worship and cognitive flexibility.* North American Journal of Psychology, 5, 75–80.

McCoy, D. (2006) *The manipulative man.* Avon, Massachusetts: Adams Media.

Mikulincer, M., Goodman, G. S. (2006) *Dynamics of romantic love.* New York: The Guilford Press.

Millon, T. (1990) *The disorders of personality.* New York: The Guilford Press.

Morrison, H., Goldberg, H. (2004) *Mein Leben unter Serienmördern*. München: Goldmann.

Oldham, J. M., Morris, L. B. (1991) *Personality Self-Portrait*. New York: Bantam.

Oldham, J. M., Skodol, A. E., Bender, D. S. (2005) *Textbook of personality disorders*. New York: The American psychiatric publishing.

Pérez-Testor, C., Castillo, J. A., Davins, M., Salamero, M., San-Martino, M. (2007) *Personality profiles in a group of battered women: Clinical and care implications.* Journal of Family Violence, 22, 73–81.

Raine, A., Sanmartin, J. (2001) *Violence and Psychopathy*. New York: Plenum.

Rasmussen, P. R. (2005) *Personality-guided cognitive-behavioral therapy*. Washington D. C.: APA Books.

Ricard, M. (2005) *En defensa de la felicidad*. Barcelona: Urano.

Rilke, R. M., Zitat auf Seite 79: Brief Rainer Maria Rilkes an Franz Xaver Kappus vom 14. Mai 1904. In: Rilke, R. M. (1997) Briefe an junge Dichter. Hrsg. von Göbel, H., Eckel, H., Gleinig, K., Meffert, M. Göttingen: Wallstein, 79–83.

Riso, L. P., Du Toit, P. L., Stein, D. J., Young, J. E. (2007) *Cognitive schemas and core belief in psychological problems.* Washington D. C.: American Psychological Association.

Riso, W. (2006) *Los límites del amor*. Barcelona: Granica.

Riso, W. (2006) *Terapia cognitiva*. Bogotá: Norma.

Riso, W. (2007) *El poder del pensamiento flexible*. Bogotá: Norma.

Riso, W. (2008) *Pensar bien, sentirse bien*. Barcelona: Planeta/Zenith.

Riso, W. (2009) *Liebe und du leidest nicht*. München: Irisiana.

Rotemstein, O. H., McDermut, W., Bergman, A. B., Young, D., Zimmerman, M., Chelminski, I. (2007) *The validity of DSM-IV passive-aggressive personality disorder*. Journal of Personality Disorders, 21, 28–42.

Safranski, R. (1997) *Das Böse*. München: Hanser.

Sagan, C., Druyan, A. (1995) *Schöpfung auf Raten*. München: Droemer Knaur.

Sanmartin, J. (2002) *Las mentes violentas.* Barcelona: Ariel.

Santisteban, D. A., Muir, J. A., Mena, M. P. (2003) *Integrated borderline adolescent family therapy: meeting the challenges of treating borderline adolescents.* Psychotherapy: Theory, Research, Practice, Training, 40, 251–264.

Saß, H., Wittchen, H.-U., Zaudig, M., Houben, I. (2003) Diagnostisches und Statistisches Manual Psychischer Störungen – Textrevision – DSM-IV-TR. Göttingen: Hogrefe.

Sbyder, C. R., Lopez, S. J. (2007) *Positive Psychology*. New York: SAGE Publications.

Scout, R. R., Stephen, D. B., Zachary, A. (2007) *Symptoms of executive dysfunction are endemic to secondary psychopathy: an examination in criminal offenders and non-institutionalized young adults.* Journal of Personality Disorders, 21, 384–400.

Semerari, A. (2002) *Psicoterapia cognitiva del paciente grave.* Bilbao: DDB.

Shafer, D. R. (2000) *Social and personality development.* New York: Thomson.

Shiha, B. K., Watson, D. (2006) *Hostility and personality disorder.* Imagination, Cognition and Personality, 25, 45–57.

Sivak, R., Wiater, A. (1998) *Alexitimia, la dificultad para verbalizar afectos.* Barcelona: Paidós.

Skeem, J., Johansson, P., Andershed, H., Kerr, M., Louden, J. E. (2007) *Two subtypes of psychopathic violent offenders that parallel primary and secondary variants.* Journal of Abnormal Psychology, 116, 395–409.

Smith, A. (2006) *Cognitive empathy and emotional empathy in human behaviour and evolution.* The Psychological Record, 56, 3–21.

Sperry, L. (1999) *Cognitive behavior therapy of DSM-IV personality disorders.* New York: Brunner/Mazel.

Spitzberg, B. H., Veksler, A. E. (2007) *The personality of pursuit: Personality attributions of unwanted pursuers and stalkers.* Violence and Victims, 22, 275–290.

Strauss, J. L., Hayes, A. M., Johnson, S. L., Newman, C. F., Brown, G. K., Barbe, J. P., Laurenceau, J. O., Beck, A. T. (2006) *Early alliance, alliance ruptures and symptom change in a nonrandomized trial of cognitive therapy for avoidant and obsessive-compulsive personality dis-*

orders. Journal of Consulting and Clinical Psychology, 74, 337–345.

Swooger, M. T., Walsh, Z., Kosson, D. S. (2007) *Domestic violence and psychopathic traits: distinguishing the antisocial batterer from other antisocial offenders.* Aggressive Behavior, 33, 253–260.

Vaknin, S. (2007) *Malignant self love.* Skopje: Narcissus Publications.

Vallejo Ruiloba, J. (2005) *Tratado de psiquiatría.* Barcelona: Ars Médica.

Vereycken, J., Vertommen, H., Corveleyn, J. (2002) *Authority conflicts and personality disorders.* Journal of Personality Disorders, 16, 41–52.

Wiggins, J. S. (2003) *Paradigms of personality assessment.* New York: The Guilford Press.

Wright, J. H., Basco, M. B., Thease, M. E. (2006) *Learning cognitive-behaviour therapy.* Arlington: American Psychiatric Publishing.

Yudofsky, S. C. (2005) *Fatal flaws.* Arlington: American Psychiatric Publishing.

Young, J. E. (2005) *Schema-Focused Therapy and Case Ms. S.* Journal of Psychotherapy Integration, 15, 115–126.

Eine Anleitung zum Glücklichsein

Walter Riso
Liebe und du leidest nicht

240 Seiten, gebunden
mit Schutzumschlag
ISBN 978-3-424-15035-3

Über 2 Millionen verkaufte Bücher weltweit

IRISIANA

Wie liebt man überhaupt richtig? Warum scheitern Beziehungen? Warum müssen wir so viel an der Liebe leiden? Erfrischend konstruktiv und mit zahlreichen Beispielen nimmt sich Walter Riso dieser Fragen an und beleuchtet das Phänomen »Liebe« aus psychologischer und philosophischer Sicht. Am Ende kommt er zur wertvollen Erkenntnis: Liebe (richtig) und du leidest nicht. Ein erleuchtendes Buch aus Südamerika über die Liebe.

Leseprobe unter www.irisiana.de   I R I S I A N A